当代旅游发展理论文丛

游客满意论
国家战略视角下的理论构建和实践进程

戴斌　李仲广　肖建勇　著

商务印书馆
The Commercial Press
创于1897

2015年·北京

图书在版编目(CIP)数据

游客满意论：国家战略视角下的理论构建和实践进程/
戴斌，李仲广，肖建勇著.—北京：商务印书馆，2015
（当代旅游发展理论文丛）
ISBN 978-7-100-11425-7

Ⅰ.①游…　Ⅱ.①戴…②李…③肖…　Ⅲ.①城市旅游—
顾客满意度—研究—中国　Ⅳ.①F592.3

中国版本图书馆 CIP 数据核字(2015)第 147573 号

当代旅游发展理论文丛
游客满意论

戴斌 李仲广 肖建勇　著

商 务 印 书 馆 出 版
（北京王府井大街36号　邮政编码100710）
商 务 印 书 馆 发 行
北 京 冠 中 印 刷 厂 印 刷
ISBN 978-7-100-11425-7

2015 年 7 月第 1 版　　　　　开本 787×1092 1/16
2015 年 7 月北京第 1 次印刷　　印张 8 1/2
定价：45.00 元

国家社会科学基金重大项目

国家旅游局年度重点研究项目

中国旅游研究院标志性学术成果建设项目

《当代旅游发展理论文丛》总序

改革开放以来，我国旅游业从小到大，由弱变强，实现了历史性跨越发展。2012 年我国国内旅游达 29.6 亿人次，是世界上第一大国内旅游市场；接待入境旅游者 1.32 亿人次，国际旅游外汇收入 500 亿美元，居全球第四位；国内居民出境旅游人数 8318 万人次，花费 1020 亿美元，已超过德国和美国，成为世界第一大出境旅游市场和旅游消费支出国。当前，我国正在朝着世界旅游强国加速迈进，旅游业的发展环境正面临转折与变革。旅游成为人民生活水平提高的一个重要指标，也是实现"中国梦"的重要组成部分。美丽中国建设正期待旅游业发挥其产业优势和市场潜力率先担起这一历史重任，人民群众正期待旅游业成为令他们更加满意的现代服务业。

旅游业发展面临新形势、新任务，对理论研究也提出了更高、更加迫切的需求，我国旅游业的发展开始进入用理论指导实践的新阶段。改革开放之初，我国新时代的旅游研究和实践同时起步。在过去 30 多年里，我国旅游研究有了一定的积累与沉淀，从引进国外研究理论及成果，到结合旅游产业实践开展研究，获得了一些认识，形成了若干理论成果，对于实践发展起到了较好的支撑作用。但是近些年来，随着旅游研究和实践各自的加速发展，在前进方向上二者出现了偏离，特别表现在相对于旅游产业实践，旅游理论研究表现出一定的脱节和滞后现象。在追求逻辑自洽的自生性机制驱动下，旅游理论研究在方法论和表现形式上出现了工具理性多于价值理性的倾向，对策研究往往被学术圈的人士认为没有理论水平和学术含量，学术期刊发表的所谓主流范式的论文因没有实质内容或创见性的观点又让业界人士敬而远之。我们看到，尽管旅游研究成果从数量上非常丰富，但在支撑产业发展的基础理论领域还缺乏有分量的系统研究成果，学术研究不能真正把握产业运行各方的利益博弈态势，还没有真正形成引领产业发展且具有深邃思想的理论体系。无论是对当代发展理念的阐释，还是发展路径的选择，以及旅游产业未来可能的演化方向，旅游理论建设都明显滞后于时代的发展，使得旅游研究面临被旅游产业主体和更大范围内的学术圈边缘化的尴尬境地。

我国旅游业的发展对理论研究的需求从来没有像现在这么紧迫，以创新的当代旅游发展理论最大限度凝聚社会共识也比以往任何时候更加重要。同时，中国日益成为全球旅游业中的重要组成部分，其影响和地位逐步上升，我们不仅有责任在旅游产业方面为全球做出贡献，在理论发展方面也要为世界旅游发展思想库提供中国的理论样本。在这一背景下，中国旅游研究院倡议集中学界、业界之合力，立足中国国情，围绕当代旅游发展的基础理论和重大问题、关键问题进行系统研讨，出版一套《当代旅游发展理论文丛》，这是于旅游产业实践和理论研究都有大功的好事，我理应给予支持。

是为序

杜江　博士

国家旅游局副局长

2013 年 5 月 10 日

目　录

导　言

　　游客是全部旅游现象的基础，是整个旅游发展体系的核心。游客满意不仅是目的地发展质量的关键指标，更是新时期国家旅游发展的战略导向。理论界虽然已经认识到游客和游客满意的重要性，但是从现有的成果来看，主要是以微观和操作层面的研究为主，尚没有以游客视角建立起旅游发展质量评价体系和以此为核心的当代旅游发展理论，更不用说国家战略视角下的政策设计和实践干预体系。

　　为适应大众旅游发展阶段老百姓对服务品质的需求和国家旅游发展战略的要求，我们依托国家社会科学重大项目"全面提升旅游业发展质量研究"，以及2009年以来连续开展的全国游客满意度调查和出境游客满意度调查两个国家旅游局特别委托项目，扎根于大众旅游时代的市场需求和产业实践，在与国家战略、地方政府、产业界、学术界、社会民众和目的地国家与地区以及相关国际组织的互动中，对国家战略视角下的游客满意理论进行了系统性建构，对其实践进程进行了全面梳理。

■　一、问题

　　从1999年国庆"黄金周"开始，我国旅游经济运行开始进入了国民消费为主体的大众化发展阶段，旅游越来越成为老百姓常态化的生活选项。2014年，国民出游率2.9次/人·年，2015年将超过3次/人·年，达到中等发达国家的门槛水平，我国将形成超过40亿人次、3.9万亿元消费的空前市场规模。根据国务院《关于促进旅游业改革发展的若干意见》（〔2014〕31号），到2020年全面建成小康社会的时候，国民出游率将达

到 4.5 次 / 人·年，达到中等发达国家的水平。如此巨大的民众参与，他们对旅游服务质量的评价就不可能只是旅游行业的小事情，而是关乎人民群众生活水平提升、关乎党和政府治国理政现代化在旅游领域贯彻落实的大战略。

旅游行政主管部门一直重视对游客满意度的评价与提升工作。在相当长的历史时期内，游客，特别是入境观光的团队游客是在一个相对封闭的世界里移动的。他们从踏上目的地的那一刻起，从机场、码头到酒店，从景区到餐馆和旅游商店，一直到最后离开目的地，基本上没有离开导游的视线，没有离开旅行社可以掌控的范围，更没有离开旅游局可以监管的范畴。国民旅游兴起以后，旅游组织方式和消费对象发生了本质的变化。没有语言的障碍，没有旅行证件的要求，而且伴随着经济社会发展水平的提升以及智慧旅游的广泛应用，更多的游客得以采取散客方式出行。2014 年，在36.5 亿人次的国内游客中，通过旅行社组织与接待的比例不到 4%。游客以自主、自助的方式广泛进入到目的地常态化的生活空间，很多时候，我们无法在公共休闲场所区分谁是市民，谁是游客。当游客与市民共同分享一个生活空间的时候，他们就会以寻常目光来打量旅游目的地，特别是城市的总体环境。不仅是景区、酒店和旅行社等典型的旅游业形态，而且商场、餐馆、酒吧、咖啡馆、电影院、地铁、公交、出租车，还有居民文明程度都在影响目的地形象和旅游业发展质量。在这个越来越趋于开放的体系中，不要说旅行社等商业机构，就是旅游局这样的政府机构也越来越感觉力不从心，感慨自己是在"小马拉大车"。可是游客的事情，旅游局也无法彻底不管，怎么办？必须与时俱进地创新大众旅游时代的旅游发展理论和旅游市场监管方式。

与社会发展相适应，中央政府近年来不断提高旅游业的战略摆位，先后出台了一系列重大举措推动旅游业发展。2009 年 12 月，国务院颁布《关于加快旅游业发展的意见》（〔2009〕41 号），明确提出要把旅游业培育成为"国民经济的战略性支柱产业和人民群众更加满意的现代服务业"，这标志着游客满意正式进入了国家战略体系。2011 年，国务院批准每年 5 月 19 日为"中国旅游日"。2013 年 2 月，国务院颁布了《国民旅游休闲纲要》，进一步明确了国民旅游休闲的权利，提出"到 2020 年基本落实职工带薪休假"。2013 年 4 月，十二届全国人大常委会第二次会议通过《中华人民共和国旅游法》（简称《旅游法》），并于当年 10 月 1 日起正式实施。作为综合立法的典范，《旅游法》把保障国民的旅游权利确定为立法宗旨和价值取向。2013 年 6 月，国务院办公厅印发的《质量工作考核办法》直接把旅游发展质量若干指标列入对地方政府的考核体系。2013 年 10月，国家旅游局确定把"游客为本，服务至诚"作为全行业的核心价值观。2014 年 8 月，国务院颁布《关于促进旅游业改革发展的若干意见》（〔2014〕31号），明确提出要积极营造良好的旅游环境，让广大游客游得放心、游得舒心、游得开心，在旅游过程中发现美、享受美、传播美。2014年9月，国务院旅游工作部际联席会议制度建立，开始统筹协调全国旅游工作，对全国旅游工作进行宏观指导。可以说，党中央和国务院已经为当代旅游发展提供了空前良好的发展环境和顶层设计。

为贯彻国家的旅游战略，把"人民群众更加满意"落到实处，弄明白人民群众特别是广大游客满意程度如何，究竟什么地方不满意，是什么因素导致游客不满意等若干基本问题，国家旅游局自2009年开始委托中国旅游研究院持续进行全国性的游客满意度调查，很快成为各级政府和社会各界高度关注的舆论热点。2013年，课题组开始对中国游客主要到访的全球27个目的地国家和地区进行游客满意度调查，取得了阶段性的预期效果。经过6年多的努力，全国游客满意度调查事实上已经成为新时期旅游工作创新的抓手，成为大众化和散客化旅游时代调动地方政府积极性和引导社会各界做好旅游工作的"指挥棒"。

如何在理论认识和工作实践的基础上构建以游客满意为核心的新时期旅游发展理论体系，解释并解决当前旅游工作面临的难题，自然就成了旅游理论研究的紧要问题。本书适应时代要求进行理论建构，在系统梳理当代旅游发展的历史进程和逻辑进程的基础上，做出了"游客满意是当代旅游发展理论的出发点，也是大众旅游产业实践的核心问题"这一论断，围绕这一核心论断，通过理论抽象来探讨当代旅游发展理论（图1）。

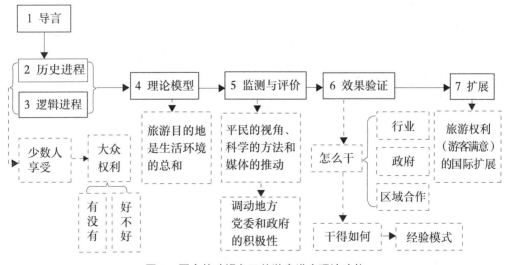

图1　国家战略视角下的游客满意理论建构

二、方法

回到旅游理论建设本身，我国学术界一直忙于引介和论证各种欧美发达国家的学术观点，如旅游地生命周期理论、凝视理论、拟剧理论、符号理论、体验理论，并不断扩大其在旅游研究领域的影响力和话语权，从早期的旅游经济学、旅游地理学到现在的旅游社会学、旅游心理学、旅游人类学、旅游哲学等，难以看到中国本土的理论原创努力。在研究方法上则越来越强调与国际接轨，通过表面上的定量分析和似是而非的数学模型给旅游研究贴上科学的标签。总体来看，我国的旅游研究一直没有突破西方的学术话语体系，正如杨国枢和文崇一在20世纪80年代初指出的那样："我们所探讨的对象虽然是中国社会与中国社会的中国人，所采用的理论与方法却几乎全是西方的或西方式的。在日常生活中，我们是中国人；在从事研究工作时，我们却变成了西方人。"特别是在研究的价值取向上，学者的研究越来越追求形而上，越来越追求一种纯之又纯的旅游体验，"诗意的栖居"、"身心的自由"、"畅爽体验"等象牙塔内的用词，被视为旅游本质和科学原理探索的典型语意，作为"集体凝视"的大众旅游却被西方学者所忽视，被国内学者所冷落。然而，作为典型的生活性服务业，旅游业怎么可能脱离现实的生活和世俗的烟火？事实上，旅游只是一种短期的异地生活方式，旅游研究的价值就在于从理论抽象和价值取向的层面保证人们的旅游权利，提升人们的旅游福祉，使之真正成为能够改善和提高人民生活水平的理论武器。美国哲学家胡克在《历史上的英雄》一书中说过："谁拯救了我们，谁就是我们的英雄。"我们没有任何理由忽视自己这块土地上父老兄弟的旅游诉求以及为他们服务的市场主体。旅游与休闲、旅游与旅行、游客与居民、景区与社区、客源地与目的地甚至旅游企业与非旅游企业之间都是可以相互融合，甚至是彼此转化的，因为它们本身就是人们生活世界的同一体和连续体。由是出发，我们坚持不带理论预设地深入广大民众的日常生活和市场主体的鲜活实践中去寻找理论构建的营养，就像诺贝尔经济学奖获得者赫伯特·西蒙所说："也只有在现实世界里，真正的组织理论和管理理论才有生存的空间。"同理，千千万万的游客消费行为及其满意度评价才是当代旅游发展理论建构的基础。

在本书主要作者的早期学术经历中，主要是用经济学的方法研究旅游现象，包括旅游中的经济现象和经济学视角下的旅游活动，特别是旅游市场主体的投资、运营、品牌和业态创新等商业行为。在对国有饭店重组、转型和变革的研究中，作者开始把制度和制度变迁纳入旅游经济学的分析框架。在饭店具体业态的研究与产业互动过程中，逐渐坚信制度之上是思想，思想之上是情怀，或者说唯有上升到学术思想和学者情怀的层面，方能真正引领大众旅游的发展方向、政策设计和产业实践。基于理性的认同，我们常常自觉不自觉地坚持着技术、制度、思想和情怀的逻辑展开对旅游现象的分析和旅游理论的建构。为避免"科学的'危机'表现为科学丧失了其对生活的意义"（胡塞尔，2001）这个问题，我们坚持不带任何理论预设或者说在"彻底悬搁"的前提下走进游客的日常生活、政府的公共管理以及市场主体的商业实践，在高举国民旅游权利的旗帜，与市场主体和消费主体的同行过程中，而不是从文献综述和自我对话中发现研究的问题。一方面我们强调解释问题，另一方面我们还强调实践才是检验真理的唯一标准，坚持"理论通过实践而不是理论与实践相结合"，才是理论与实践关系的正确表述。也因为如此，我们毅然放弃从纯粹的逻辑自洽中建构当代旅游发展理论，而且总是固执地认为不准备提交社会检验的理论是没有意义的，提倡在学术研究中应该留有人文关怀的一席之地，总是时刻提醒自己让学术研究贴近、再贴近丰富多彩的旅游生活和产业实践，不能只见物不见人。我们发自内心地希望，已经和将要展开的研究能够保护国民大众的旅游权利和提高他们的旅游福祉，从而使生活于这片土地的人民生活得更加美好和更有意义，而不在乎我们的方法和研究是否符合所谓的"科学标准"。

事实上，很多学科都是在初步构建了理想模型之后越来越放松假设以进入真实的生活世界，如社会学和人类学的田野调查、管理学的有限理性和人际关系理论，就是号称经济学帝国的"经济人"假设也逐渐修改为"行为人"假设。然而，如何把握学术研究和理论建构进程中的感性认识和理性抽象的"度"，把感性融入理性的分析之中，而在感性表达时又透出内在的条理，则是对当代旅游学者极大的挑战。要做到这一点，就不能不"戴着镣铐跳舞"。在方法论上，我们把生活世界看作两面，一面是感性而另一面是理性，在感性和理性统一的基础上探讨旅游理论的价值。因此，在本体论上我们坚持一元论，"负阴而抱阳"地展开科学的论证和理论的抽象。

■ 三、视角

就像格式塔的转换一样，不同的图像由不同的人来观察可以得出不同的结论，

科学研究范式的形成也同样如此，视角的转换意味着科学的革命和新世界观的形成。库恩在其成名作《科学革命的结构》中对此做了具体的阐述："革命是世界观的改变。在看一幅等高线地图时，学生看到的是纸上的线条，而制图师却看到了一张地形图。在看一张云室照片时，学生看到的是混乱而间断的线条，物理学家却看到了他所熟悉的亚核事件的记录。只有在经过多次这种视觉转变之后，学生才成为科学家世界中的居民，见科学家之所见，行科学家之所行……虽然这世界并没有因为范式的改变而改变，范式转换后科学家却在一个不同的世界里工作。"正是从这一意义上，我们理解了牛顿所说的"站在巨人肩上"的真实意义，因为"站在巨人肩上"不单单是看得远些，更主要的是因为"站在巨人肩上"具有不一样的视角，看到的是不一样的世界。就像"站立"对人类进步的意义一样，视角的转换将直接决定学术研究的高度。

学科也是一种观察世界的视角，不同的学科带来不同的世界观。本书把旅游作为思考世界的载体，在广泛吸收各学科知识的基础上，形成自己观察世界的独特视角。站在旅游这块地基上，可以探寻人类的精神家园，从而在主客互动的框架内解释世界和改造世界。我们提倡学者要像雷达兵一样，始终试图从浩瀚的星空中审视旅游发展的过去、现在和将来，而在具体实践中又要求自己把双脚紧紧踩在坚实的大地上。我们始终牢记"为天地立心，为生民立命，为往圣续绝学，为万世开太平"的学术使命，坚持并践行大众的视角和平民的取向，为这片土地上父老兄弟旅游权利和旅游福祉去鼓与呼。在某种程度上，我们希望像费孝通先生的研究一样，代替游客做"原告"。在陈述了他们的理由，提出了证据之后，学者就应该呼吁一些实际的行动来改善他们的生活。在我们陈情的最后，将概括一下最基本的事实，以争取一个合适的政策。

作为学者，我们认识到任何理论创新都是时代的、地域的和边际意义上的，也必然含有其时代的、地域的和个体的局限性，愿意接受有助于进一步开展游客满意度调查和当代旅游发展理论建设的意见与建议，并相应地修正既有的观点。正如一切科学著作都可能被超越或取代，一切理论都可能被修正或证伪一样，我们也没有理由期望自己的观点永久正确，只是希望自己的努力无愧于这个时代。

第一章

从少数人的享受到民众的权利

■ 一、旅游历史：文化的源泉与小众的行为

有文明史以来，就有人类关于旅游的思想和认识。中国先哲在治国理政的最初思考中就提出了"观国之光"的原始旅游思想，从《周易》到《庄子》都充溢着人类最原初的旅游意愿和在旅游中对自然与社会的朴素认识。长期形成深厚的旅行文化传统，使"读万卷书，行万里路"成为一种基本的求知模式和修身路径，旅游作为一种增长知识、丰富阅历、强健体魄的活动也已经得到古人普遍的认同。

在漫长的历史长河中，旅游只是极少数人的"专利"。虽然我们承认孔子周游列国、秦始皇东巡、玄奘"西游"、李白"仙游"、乾隆下江南等都不缺乏旅游元素，大旅行家徐霞客甚至放弃了优越的生活和功名利禄，将一生许予山水，但是我们看一下哪些人才可以真正享受旅游的这种体验呢？少数人过上一种优雅的生活方式，是以百分之九十九以上的人群在土地上终生劳作为代价的。传统的旅游休闲方式，包括当下人们无限遐想的"民国范"等，也只是少数有闲阶级才能过上的生活。

一个长期以小农经济为基础的社会，加上封建统治者人为的重农抑商，压制个性见解，扼杀冒险精神和闭关锁国，注定了旅行活动和旅行文化在绝大多数历史时期里只能是绝少数统治阶级和文人士大夫的特权，至于跨境民间交流更是少见，广大群众与农业经济相适应的"落叶归根"、"父母在，不远游"等观念根深蒂固。例如历史学家常常把我国明朝形容为"一个内向的朝代"，禁止普通国际旅游者入境，无论是官宦人

家还是民间百姓，都鲜有远行的活动。近代中国出现的"闯关东"、"走西口"、"下南洋"等大规模人口迁移，都是人们在饥荒、战乱等生存压力下迫不得已的选择。人民大众在旅游和旅行活动中的长期缺席，可能也是我国在人类近代史上连续缺席地理大发现、科学大发现和市场经济大发展的重要原因之一。

我国历史上存在的旅游设施和服务，也主要是为帝王将相、达官贵人或至少是乡绅士子准备的，如王公贵族的宫苑和私家园林等。我国旅游景区的萌芽始于古典园林的建造，并催生了较为复杂和系统的造园艺术，是一种奢侈品和权力地位的象征。虽然中间陆续出现了寺观园林和私家园林等形式，但是终究没有进化为面向公众的游憩空间，更没有形成相应的经营主体和行政管理机构。19世纪中后期，随着帝国主义列强的入侵和战乱，圆明园、颐和园、清东陵等场所曾一度被焚毁，西方列强及其政商代理人出于个人避暑、休闲和度假的需要在中国的风景名胜区，如北戴河海滨、庐山、鸡公山等地建造了一批符合近代生活和富有审美意味的别墅和配套设施，但这仍然是私属性的生活空间，而不是向民众开放的公共空间。

新中国成立以后，出于外事交流、政府公务、文物保护和定点接待的需要，陆续修缮和新建了一批宾馆、饭店、疗养院和会议中心，并先后成立了中国旅行社和中国国际旅行社，以接待对新中国友好的外国人、港澳同胞、台湾同胞和海外华侨的民间来访。这一阶段的旅游活动带有浓厚的民间外交色彩，并没有成为民众参与的社会现象。20世纪50年代，"夏令营"曾经风靡一时，留学苏联的青年人还常常到莫斯科郊外去参加活动。直到今天，经典歌曲《莫斯科郊外的晚上》仍然承载着1960年前后那一代人对旅游和休闲生活的美好向往。1961年，国务院第一〇五次全体会议讨论通过《文物保护管理暂行条例》，确定第一批全国重点文物保护名单，此后又颁发了《关于进一步加强文物保护和管理的指示》。1973年，国务院批准桂林成为对外开放旅游城市，承担接待尼克松访华等外事工作。与这一阶段的旅游功能相适应的是旅游建设以文物保护为主，景区、宾馆、饭店并未向社会公众开放，景区观光仍属于小众行为。在改革开放前，由于市场经济的不发达和生产性观念的原因，国内基本上没有出现过作为生活性消费的旅游，也不可能涌现出社会学和经济学意义上的旅游现象。在"以阶级斗争为纲"的年代里，普遍贫穷使省吃俭用成为一种社会美德，旅游则被视为一种资产阶级的腐朽生活，社会环境和舆论评价也不支持普通的城乡居民加入到旅游活动中来。"文革"期间"破四旧"和"大炼钢铁"等全国性的运动使全国文物古迹、林区、风景区遭受了巨大破坏，旅游基础设施建设基本处于停滞状态。

1978 年，中央成立旅游工作领导小组，中国旅行游览事业管理局改为直属国务院的中国旅行游览事业管理总局。1980 年前后，在改革开放总设计师邓小平同志的直接推动下，市场化意义上的旅游发展进入了快车道，那个时期的旅游发展目标是"赚取外汇"。目标决定了旅游市场开发策略只能以吸引海外游客为主。对于绝大多数的国人来说，旅游是长城、故宫、兵马俑等景区里熙熙攘攘的境外游客。我们从电视画面上、报纸版面上好奇地打量着欧洲人、美国人的金发碧眼，日本人、韩国人的精致妆容，港澳同胞、台湾同胞和海外侨胞的时髦衣着。如果大家坐着"时光机器"穿越到那个时候的中国街道，一定会经常听到热情地招待外国游客的"哈喽"声。那个时候，国人的旅游梦想是能够成为一名导游，会说外语，能挣亲戚邻居很是眼热的外汇券。至于工作、学习之外的旅游活动，距离普通国人还很遥远。在改革开放后的一段时间内，政府对国内旅游采取的是"不宣传、不提倡、不鼓励"的"三不政策"，担心国内旅游的发展会在空间上与入境游客争夺热点城市和景观，在时间上与入境游客争夺旅游旺季，从而影响入境旅游的创汇目标。

回过头来看，改革开放初期的入境旅游发展，到访的游客主要是来中国观光的，吸引他们的是壮丽的自然资源和丰富多彩的历史文化资源，更多的是以"团进团出"的形式完成旅游活动的。我们是在一个经济社会欠发达的国家接待发达国家和地区的客源，从某种意义上说，我们是"穷人请客"，只能尽全力把游客重点关注的小环境搞好，入境旅游不得不在一个封闭的系统内展开。由于游客与国民的日常生活环境是隔离的，入境游客对目的地旅游环境的满意程度是容易控制的。2012 年，课题组去古巴访问时，曾经有机会在该国旅游部的安排下乘坐进口的空调车参访和体验旅游胜地巴拉德罗和圣地亚哥，住在哈瓦那的国宾馆里，享受着异域的自然风光、历史文化和发达国家水平的外宾接待服务。然而当我们深入到超市、菜市场、工厂、学校的时候，完全是另外一种感受，如同回到改革开放初期的中国，回想 20 世纪八九十年代的中国在入境游客的眼中也是如此吧。那个时期，我国的旅游服务产品是为入境游客提供的，除了酒店员工和旅行社的导游之外，与国民大众的日常生活并没有直接关系。这种源于"入境优先，团进团出"的超常规发展模式至今还在影响着业界和地方政府对旅游的认识，总是希望在一个封闭的世界里，在可控的环境

里发展旅游，可是我们已经走进了一个大众旅游的新时代，要面对的是一个基于目的地总体环境和民众生活方式的开放旅游体系。

■ 二、大众旅游的兴起与常态化生活

人们之所以外出旅游，是基于对美好生活的向往而去异地体验一种别样的生活方式，这种生活方式体验必须通过游客的空间移动或旅行，在非惯常环境下才能获得。之所以强调旅游作为一种短期的异地生活方式，是因为在我们的学术领域所及之处，旅游是被放置在人类整体生存方式或整体生活中来观察的，研究不需要，也不可能另外"创造"一种生活，更不可能另外设置一个"旅游世界"。就广义的旅游活动而言，它们虽然都带有游乐性质，但是游乐性质的旅游活动却不一定都是社会学意义上的旅游现象，因为后者必须引起全社会的关注，成为整个社会的普遍行为。已故著名旅游学者申葆嘉先生认为，大众不但拥有具有旅游消费支付能力的需求，而且旅游还是社会经济收入的重要来源。只有这样，旅游才变成了迪尔凯姆所称的"社会事实"，这时候旅游也才有了学术研究的价值和社会意义。[①] 申葆嘉先生的研究还表明，旅游是市场经济发展的产物，只有在市场经济逐步确立的过程中，普通大众才能够有机会成为旅游活动的主体。因此，只有旅游活动演化为旅游现象，旅游学才真正找到了看得见又摸得着的研究对象。在这一个视角下，我们观察到当代中国所存在的两个基本社会事实：旅游已经成为人们日常生活常态化的消费选项；游客已经广泛地进入到目的地居民的日常休闲与生活空间。正是基于这两个社会事实的理解和把握，我们才得出中国已经进入了大众旅游发展的初级阶段，并一再引起消费主体、市场主体、行政主体的演进以及国家战略的动态调整这一重要结论。需要说明的是，当代科学技术尤其是以移动通信、云计算、大数据和互联网为代表的信息技术对旅游的发展具有重要意义，甚至可以说现代社会的方方面面都是由它来驱动。在本书的分析框架中，我们并没有把科学技术作为重要因素单独进行论述，

---

① 有关旅游现象起源和发展条件的论述，申葆嘉先生在《旅游学原理——旅游运行规律研究之系统陈述》中详细地做过说明，有余力的读者可以参阅。笔者完全赞同书中"旅游分化自旅行"、"旅游是市场经济发展的产物"、"旅游具有双重结构"等重要命题。

因为科学技术是嵌入的，其力量和影响有一个渐进的过程，而且是以广大游客的自觉接受为前提的。

旅游是市场经济发展的产物，其规模化成长需要具备普遍觉醒的社会意识。换句话说，旅游现象的出现不但要有丰裕的物质基础，还要有愿意旅游和鼓励旅游的生活价值观。市场化、商业性的旅游消费兴起于改革开放，直接动因是解决国民经济建设所急需的外汇短缺问题。1978 年 10 月 9 日，邓小平同志在会见美国泛美航空公司董事长西威尔先生时说："民航、旅游这两个行业很值得搞。"1979 年 1 月，邓小平同志又进一步强调指出："旅游事业大有文章可做，要突出地搞，加快地搞"。短短五年时间里又连续发表了数次关于发展旅游的讲话，并明确提出了旅游发展的目标："一个旅行者花费一千美元，一年接待一千万旅游者，就可以赚一百亿美元，就算接待一半，也可以赚五十亿美元。要力争本世纪末达到这个创汇目标"。旅游，这个中国的新生事物开始得到空前重视。为了吸引更多的外国人到访，必须完善旅游基础设施和包括酒店在内的商业服务体系，为此"超常规发展"就成了中国旅游业起步时期的总基调。

20 世纪 80 年代中后期，随着社会经济发展、人民生活水平的提高，国内旅游需求呈现局部增长的迹象。1985 年，国务院批转国家旅游局《关于当前旅游体制改革几个问题的报告》，标志着我国旅游业开始从只抓国际旅游转变为国际和国内旅游一起抓。为了更快地推进国内旅游基础设施建设，开始从国家投资建设为主转变为国家、地方、国营、集体、个人等"五个一起上"，自力更生与利用外资一起上。这样一来，流向国内旅游业的社会资金逐年增长，部分地区入境旅游和国内旅游开始交融发展。

1993 年，党的十四届三中全会通过《中共中央关于建立社会主义市场经济体制若干问题的决定》。这一年，我们首次现实地感受到了总需求不足的压力，当时叫"市场疲软"，正是在这一背景下国家开始着手启动并稳步提升国内旅游市场。1995年，我国开始实行双休日制度，居民闲暇时间增多。1998 年，受东南亚金融危机的影响，中国经济开始从供不应求转变为供过于求，扩大内需成为国家战略的重点，当年的中央经济工作会议提出把旅游、房地产、信息这三个领域培育成为国民经济新的增长点。1999 年，国务院公布了新的《全国年节及纪念日放假办法》，决定将春节、"五一"、"十一"的休息时间与前后的双休日拼接，从而形成 7 天的小长假。

1999 年国庆第一个"黄金周"，全国出游人数达 2800 万人次，旅游综合收入 141 亿元，当年的入境旅游为 5112 万人次，外汇收入 140.99 亿美元。

进入新世纪以后，国民大众开始广泛参与到旅游活动中来，他们背上大包小包、带着干粮、涌上绿皮车、穿着军大衣开始了痛并快乐的旅行。在中国几千年的历史上，老百姓第一次成为旅游消费的主体，并很快进入了持续高速增长的快车道。2014 年，国内旅游人数达到 36.5 亿人次，国内旅游收入 3.1 万亿元，入境游人数为 1.28 亿人次，旅游外汇收入 511 亿美元，加上我国 1.09 亿人次的出境旅游和国人在境外消费的 1648 亿美元，我国已经成为世界旅游发展格局中任何国家和地区都必须重视的旅游大国。在当代中国，普通民众开始真正成为旅游消费的主体，国内旅游成为旅游发展长期繁荣的基础性支撑，中国旅游进入了以国民消费为主体的大众化发展的初级阶段。从理论上看，普通民众参与国内旅游，大量的"中产阶级"广泛参与到中近程的出境旅游，标志着国民旅游消费总体上进入大众化发展阶段。

随着国内旅游的兴起，旅游服务质量开始引起社会的普遍关注，并日渐成为舆论热点和矛盾焦点。从 1993 年开始，国家旅游局委托国家统计局先后启动了入境游客、国内城镇居民和农村居民的旅游抽样调查工作，对传统的旅游"六要素"以及旅游厕所和邮电通信等服务项目进行质量感知评价。1995 年，国家旅游局发出《关于开展创建和评选中国优秀旅游城市活动的通知》，1999 年又颁布了《旅游景区质量等级的划分与评定》，加上之前的《旅游涉外饭店星级的划分与评定》，旅游行政主管部门对游客满意的评价不可谓不用力，用当代的网络热词来讲，政府为保障游客的服务品质也是"蛮拼的"！但是受历史经验所限，质量评估和改进措施仍然局限于传统的食、住、行、游、购、娱六要素，或者说还是在一个封闭的世界里打转转。

随着出境旅游政策的放宽，作为国内旅游自然延伸的出境旅游也开始逐渐发力。1997 年，国家开始主动引导出境旅游的适度发展，那一年，歌手艾敬的一首《我的 1997》风行大江南北，歌词中有这样一段："1997 快些来吧／他可以来沈阳／我不能去香港／1997 快些到吧／我就可以去香港"。就是在这一年，我国开始实施 ADS（Approved Destination Status）政策，这一政策以双边旅游协定为基础，准许中国自费游客以团队的形式，凭借特殊签证赴对方国家和地区旅游。ADS 政策同时还规定从事中国公民出境旅游业务必须是中国与目的地双方核准的旅行经营商。截止到 2013

年底，正式实施的 ADS 目的地已经达到 146 个，我国已经稳居世界第一大旅游客源市场和旅游消费支出国。现在，出境游客的足迹已经遍布全球各个角落，从南非的酒店到意大利的街头，从巴黎的豪华商店到马尔代夫的海滩，甚至到南北极进行观光和到肯尼亚看动物大迁徙都已经成为热门的旅游产品。"中国游客"或者说"中国消费"开始取代"中国制造"成为全世界讨论的一个热词，越来越多地国家开始重视与中国的交往，关注中国游客的消费。

在上述发展背景下，创汇导向的旅游发展思路和封闭世界的监管模式显然不足以应对新时期旅游发展实践的变化。国内和出境旅游消费的快速兴起，迫切需要包括"旅游权利"、"游客满意"在内的理论创新，以更好地阐释大众旅游的合意性，更好地指导产业发展。游客满意之所以能够上升为国家战略，或者说之所以在今天提出"国家战略视角下的游客满意"这一理论命题，是大众旅游产生与发展的历史必然。现实的大部分都是由历史决定的，甚至未来也是由历史条件预先注定的。2009 年，国家提出"把旅游业培育成为国民经济的战略性支柱产业和人民群众更加满意的现代服务业"两大战略目标，是"更多国民的参与和更高品质的分享"这一大众旅游初级阶段发展理念的政策表述。在大众旅游兴起的推动下，执政理念和国家战略也在逐渐从"国计"到"民生"方向回调。习近平总书记在十八大常委见面会上的讲话中明确指出："人民对美好生活的向往，就是我们的奋斗目标。"2013 年 3 月，习近平总书记在莫斯科召开的"中国旅游年"开幕式上发表主旨演讲："旅游是传播文明、交流文化、增进友谊的桥梁，是人民生活水平提高的一个重要指标，出国旅游更为广大民众所向往……旅游是修身养性之道。"这体现了党和政府在治国理念上的与时俱进。作为人民追求美好生活的重要组成部分，旅游开始在新时期的国家战略中占据重要地位，以游客满意为核心的旅游权利实现和旅游福祉提升成为以法律文件固化下来的国家意志。

■ 三、旅游权利的确立及实现

旅游权利的文件广泛存在于国际法律和国际组织的宣言中，如《世界人权宣言》、《经济、社会和文化权利公约》、《公民权利和政治权利公约》、《和平文化宣言》、《世界文化多样性宣言》、《世界遗产公约》、《生物多样性公约》、《保护非物质文化遗产公约》、《旅游通关便利公约》等。联合国《世界人权宣言》第13条"迁徙权"提出，人人在各国境内有权自由迁徙和居住；人人有权离开任何国家，包括其本国在内，并有权返回他的国家。第24条"休闲权"提出人人享有休息和闲暇的权利，包括工作时间有合理限制和定期给薪休假的权利。第27条"文化生活权"提出人人有权自由参加社会的文化生活，享受艺术，并分享科学进步及其产生的福利。《世界人权宣言》直接影响了近现代世界旅游休闲运动的发展，并催生出《旅游权利法案与旅游者守则》、《全球旅游伦理规范》、《马尼拉世界旅游宣言》和《休闲宪章》等国际文件，对旅游权利、旅游资源及旅游行为相关的内容做了明确界定。联合国世界旅游组织（UNWTO）1979年开始将每年9月27日定为"世界旅游日"，作为旅游工作者和旅游者的节日，将无障碍、可持续、负责任三原则确定为其工作宗旨。1980年《马尼拉宣言》还直接指出"现代旅游是对人类休息和娱乐基本权利的承认"、"发展旅游的根本目的是提高所有人的生活水平并改善其生活条件，以使之符合人的尊严为终极目标"。

随着公民权利的强化，国际旅游立法也不再仅仅从经济导向的角度关注旅游业的发展，而是开始更多关注旅游权利和旅游资源的保护，促进本国公民和他国游客的健康文化生活。旅游权利的观念和规范不断向越来越多国家的国内法渗透，使国内法也在凸显着人类主体价值观，例如日本《旅游基本法》、美国《旅游全国政策法》等。阿根廷不仅成立了旅游部，而且通过《国家旅游法》对保障投资便利条件、可持续发展、服务质量、宣传促进和战略计划等方面做出了规定，强调人是旅游发展主体的基本原则，政府通过前瞻性的战略计划保持旅游业可持续发展。

在国内外旅游发展的大背景要求下，如何让更多的国民能够参与到旅游活动中来，如何让旅游者享受更高的服务品质，尤其让中低收入的城乡居民能够享受基本的旅游权利，已经成为摆在党和政府面前的重大现实课题。到目前为止，相当一部分国民还没有能力实现与生俱来的旅游权利，更多旅游者的现实权益没有得到公平有效的保障。2014年我国城乡居民人均每次旅游花费仅为852元[①]，2012年过夜游客在目的地的消费结构中，浏览仅占5.3%，绝大多数支出花在住宿（16.3%）、购物

---

① 截至发稿前，2014年的城镇、农村居民人均旅游花费数据尚未公布。根据2013年的数据，当年城镇居民人均旅游消费为946.6元，而农村居民则只有519元。

（19.1%）、餐饮（20.9%）、交通（38.4%）方面。我国出境旅游市场抽样调查结果显示，出境旅游需求集中在月收入 3000～5000 元的"中产阶级"，比例占三分之一以上。尽管旅游者的预算偏低，但并不意味着他们就没有服务品质的要求。可以说，在初步解决了旅游参与"有没有"的基本问题以后，老百姓进一步提出了旅游服务"好不好"的问题。无论是"中国梦"、"美丽中国"的国家战略和现代服务业的发展要求，还是民众旅游过程中对"小而确切幸福"的生活追求，都要求各级党委和政府在千方百计地扩大旅游消费，吸引更多游客到访的同时，创新发展理论和监管方式，切实从整体环境上提升服务质量，为国民大众旅游权利的实现提供稳定的制度保障。

第二章
从封闭的世界走向开放的体系

■ 一、团队旅游与"玻璃罩里的人"

人们对于当代旅游业的认识是从团队旅游开始的。在旅游学的典故中，1841年英国人托马斯·库克包租了一列火车，将多达570人的游行者从英国中部地区的莱斯特送往拉巴夫勒参加禁酒大会。往返行程11英里，团体收费每人1先令，免费提供带火腿肉的午餐及小吃，还有一个唱赞美诗的乐队跟随。这是人类历史上第一次商业性团队旅游服务，是近代旅游业的开端。19世纪中期，托马斯·库克创办了世界上第一家旅行社——托马斯·库克旅行社（旧译：通济隆旅行社），标志着近代旅游业的诞生。

团队旅游既是一种旅游活动方式，也是一种旅游产品，通常由旅行社组织提供。我国《旅游法》和《旅行社条例》的规定中，旅行社或其他旅游经营者招徕旅游者组团旅游，通常提供交通、住宿、餐饮、娱乐等服务。在目的地信息不完善、服务要素不健全的发展初期，特别是目的地政府还常常实施严格的旅游管制情况下，选择旅行社或其他中介组织开展的团队旅游，无疑是政府和市场最为合意的选择。改革开放初期，我国主要是发展入境旅游，就是以单一的全包价团队观光为主，入境旅游由初创期的国旅、中旅以及20世纪80年代初成立的中青旅三家国营旅行社系统垄断经营，采取以观光旅游为主体、以旅游团队为主导的运作模式。直至今日，许多传统的旅游企业仍然习惯这种"观光、团队、包价"的操作模式以及由此异化而来的"加点、自费、购物、佣金"的赢利模式。

在一般的团队旅游形式中，游客下了飞机、火车或轮船以后，直接就用大巴车接到酒店，由导游、领队、司机带领，坐着大巴车，有组织地去事先确定好的地方，游览、就餐、购物、娱乐，最后再把他们送到飞机、火车等交通工具上离开目的地。整个旅游过程，游客就像被一个"玻璃罩"罩起来的人，是相对隔离的，与市民不接触，跟老百姓和当地市民生活没有交叉，更谈不上融入当地。谁是游客也是清楚的，跟着导游、举个旗子、戴个帽子，这是我们对游客的典型印象。常常有人调侃"下车看庙，上车睡觉"，形容的就是这种传统的旅游方式。

在传统的旅游组织模式中，目的地抓旅游，主要是配合组团社解决地接社、导游、旅游饭店、旅游大巴车、旅游厕所的问题以及旅游餐饮、旅游购物、旅游演艺等产业和服务，建立一条条专属游客活动和消费的"通道"。在相当长的历史时间里，我们就是这样想当然地认为长城、故宫、东方明珠电视塔、兵马俑、黄山、千岛湖是游客的异地体验空间，而百货商场、电影院、书店、美容美发店，更不用说超市和菜市场了，这些场所则是市民的日常生活空间。虽然那时旅游消费链条很长，但是旅游管理工作似乎也没有那么复杂，这是因为旅游可以和其他部门没有任何关系，旅游环境与社会环境也没有更多联系，缺什么就自己建什么。你可以在一个封闭的空间里面去做你旅游的事情，就像早些年金牌挂帅、竞技主导的体育事业，需求、供给以及组织方式都是相对稳定的。既然是封闭的，当然就有边界：为本地老百姓服务的公共服务和商业服务我不管，也不问，而游客所必需的"吃住行游购娱"归我管。20 世纪 80 年代，国家旅游局除了旅行社、旅游饭店、产业规划、市场促进等职能司室外，还曾经专门设立过旅游娱乐指导处。1999 年以后，尽管国民大众取代了入境游客成为新的旅游消费主体，但是把旅游产业纳入到一个封闭世界的传统思维从来没有停止过。

相应的，我国建立了早期的旅游职业院校、专业学科和旅游人才队伍，在旅游理论研究中分别提出了"六要素"、旅游通道、旅游罩、旅游场、旅游世界等理论观点。主张政府主导型的旅游业发展战略，建设专门的旅游涉外饭店，引进专用的旅游巴士，指定专门的旅游餐饮和购物场所，加上导游、讲解等方面的要求。在一个由消费主体、消费对象、旅游部门合作建构起来的相对封闭世界里，在一个旅游活动和商业服务只是少数人参与的发展阶段，"政府主导"有其存在的历史必然性。随着团队旅游的开展和旅游学科建设的自觉努力，过去三十多年学术界、教育界、政府和传统业界似乎接受了一个越来越强化的观念：在日常生活之外，存在着一个独立的旅游世

界。在实践中，旅游独立于老百姓的日常生活。在学术上，旅游独立于其他学科而走在自成体系的道路上。在现实中，旅游教育和科学研究独立于公共管理、公共服务和市场主体而自成一体。旅游活动与日常生活，旅游理论与其他学科，学术共同体与政商组织相互成为各自独立的并行世界。

封闭体系的思维方式和商业演化进程中的路径依赖，使最早以开放著称的旅游业特别是以国旅、中旅和中青旅为代表的旅行社，以及以建国、金陵、白天鹅为代表的旅游饭店，似乎一直活在自己的世界里，在产业标准、商业形态、商业模式和人才成长等方面，传统旅游企业的保守形象愈发明显。这是因为外国人、港澳同胞、台湾同胞、海外华人华侨的客源市场是现成的，加上丰富多彩的自然山水和历史文化资源，随便拿出一个地方都会让游客惊叹不已。因此，旅行社、酒店、旅游汽车公司、旅游景区等商业机构只要拿到外联权和接待资格，就不愁没有生意做。旅游企业的经理人员关注更多的是接待计划和服务品质，而不必关心品牌创设、市场推广、生产要素整合、股东回报、社会责任等国际同行必修的功课。经常会听到有旅行社老总说自己是导游出身，酒店总经理和集团高管无比自豪地说自己是"削土豆削出来的"，洋气一些的则宣称自己是洛桑酒店管理学院科班出身。如果一个产业发展的所有要素都是必须标准化的，而且来源还要内部化，那么我们可以说它的边界是清晰的，同时也将逐渐失去原始创新的市场力量。随着大众旅游时代的到来，这样的生产方式已经明显落后于时代的发展。

封闭运作的团队旅游过程中，游客的活动空间和视野范围是狭小的，获得的信息和体验是被动接受，而且也是很有限的，典型的说法就是"祖国山河美不美，全靠导游一张嘴"。游客评价的内容也相对简单，集中在旅行社提供的食、住、行、游、购、娱等方面，与企业层面开展的顾客满意度调查无异，调查工作开展比较容易。正是团队旅游或团队游客的这些局限性，使得其社会经济影响和综合作用也很有限，以至于我们很难想象"旅游效应"、"旅游影响"这个涉及经济社会发展等宏观领域的问题，更遑论将游客评价上升到宏观层面了。这种单纯的旅游消费，常常被一些急需外汇和一些国际旅游合作刚刚起步的国家和地区的青睐。沿着同样的逻辑，ADS 作为一种有效防止外汇漏损的制度安排而被提出。这一国际旅游合作的形式严格要求持有 ADS 签证的人必须团进团出。正是由于其严格的团队旅游方式的要求，因此 ADS 在旅游行业内一直存在较大的争议。

　　团队旅游也并非一无是处。作为旅游业发源和开端的标志，团队旅游为近现代旅游业的发展，为满足消费者的旅游需求做出过历史性的贡献。旅行社在相当长的历史时期里也是旅游产业最核心、最典型的业态，旅游业务的广泛性需要旅行社提供统一的、高效率的旅游服务。旅行需求的持续扩大和变化升级既为旅行社提供稳定的市场空间，也需要旅行社提供相应的标准化服务。旅行社服务的安全、信息和心理归属等功能是旅游市场的永恒需求，也是旅行社的核心价值之所在。只是由于传统旅游企业对时代发展环境变化的敏感性不足，特别是一些旅行社的组团行为出现虚假宣传、零负团费等异化行为，再加上自由行、线上旅游运营商和其他旅行服务新业态的兴起，传统旅行社发展越来越面临一些尴尬的问题，甚至出现存废之争的不同声音。事实上，提供广义旅行服务的旅行社拥有线上旅游服务商不可替代的核心竞争力，近年来，其价值也在不断被重新发现。旅行社的未来在于不断适应市场变化要求和国际竞争形势的需要，重归对旅游者核心诉求的关注与满足。对于目的地而言，团队旅游依然是旅游组织的经典样本和市场示范，也是旅游服务质量的最直接有效反映者。

二、散客化与共享的生活空间

　　当前，我国旅游需求已经发生显著的变化。在依次经历了从入境旅游到国内旅游再到出境旅游的发展阶段后，旅游经济运行的消费基础已经由外生需求回调到内生需求，从而进一步巩固了以国民大众为消费为主体的旅游市场新格局。十八大以来，旅游市场加快往国民需求方向回调、国民旅游市场加快往大众需求回调的两大趋势更加明显。受此影响，旅游组织方式的去团队化进程进一步加速。到目前为止，散客化已经成为旅游组织方式的主流，并对游客满意度评价产生了完全不同于团队旅游时期的影响。

1. 出行目的多元化

　　尽管旅游发展的基本规律和人口大国的基本国情共同决定了观光旅游在相当长的历史时期内，仍然是国民大众最基本的旅游需求。但是，随着青年一代消费观念

的变迁，加上资本、技术和市场主体创新的共同推动，旅游消费目的和消费结构还是发生了巨大变化，我国旅游消费不断增加且日渐变化，休闲、度假和专项旅游等非观光需求越来越多。从城镇居民出游构成看，观光游览的游客比例由 2004 年的 45% 变为当前的 28%，度假、休闲和娱乐由 2004 年的 19.7% 变为当前的 24.4%，商务会议由 2004 年的 5.5% 变为当前的 14.2%。

现在游客到访某个目的地动机是多种多样的，既有指向传统的自然山水和历史文化资源的观光需求，也有指向现代生活和时尚潮流的休闲需求，度假、养老、研学、购物、医疗保健、海洋、航空、邮轮、自驾车、探险等已经成为老百姓旅游需求的新选项。对于以"80后"、"90后"为代表的年轻一代游客而言，甚至不需要什么特别的动机，就是在惯常的生活环境中待烦了，也会有一场"说走就走的旅行"。

我们注意到，游客发自内心地喜欢一个地方，愿意在朋友圈分享、推荐并愿意再次到访，其理由往往是与其生活环境密切相关。俗话说，近处无风景，可是我们也说，天下无处不风景。只要离开惯常环境，到达吸引我们的异地空间，体验自然，分享异地的生活方式，就是在旅游，就是在休闲。老百姓可以去传统的景区，也可以去人工建造的主题公园，甚至没有景区概念的城市和乡村，都可以获得完全不同于惯常环境下的旅游体验。随着经济发展和社会进步，外来旅游者的旅游行为与本地居民的休闲行为将进一步融合，旅游需求的内涵不断被拓展，各种潜在的、新型的休闲资源被纳入旅游资源的范畴，我们称之为非传统旅游资源。[①]

2. 科技应用与旅游信息的泛在化

当大众旅游在 20 世纪 90 年代中后期逐渐兴起的时候，以互联网为代表的信息技术也开始在我国落地生根。1995 年的北京白石桥首都图书馆（现为国家图书馆）对面曾竖着一块大大的广告牌，广告语是"我们离互联网有多远，向前 1500 米"。那个位置就是中关村，一个被称为"中国硅谷"的地方，第一代互联网创业者就聚集在那里。经过二十余年的浮浮沉沉和市场检验，互联网的商业模式日渐清晰而明确，而且诞生了一批世界级的企业，如百度。互联网和近年来兴起的移动通信、大数据和云计算也在深深地影响着游客的旅游信息获取和旅行组织方式。被称为"互联网

---

① 戴斌. 北京市非传统旅游资源与产业成长研究. 北京：旅游教育出版社，2009。

原著民"的"80后"和"自媒体一代"的"90后"的年轻人越来越多地放弃传统的团队旅游，开始有能力，也有条件以自主、自助和自组织的形式安排自己的旅游活动，甚至是在出境旅游时也不再参加旅行社的团队包价旅游，而是借助越来越多像"途牛"、"穷游"这样的互联网企业。年轻的游客开始在"蚂蜂窝"、"世界帮"、"海玩"等旅游攻略类网站上发现心仪的目的地，然后借助"百度地图"或"高德地图"查询交通线路，利用"去哪儿"进行一番比价搜索，再使用"携程"或"艺龙"预订机票和酒店，最后从"驴妈妈"、"同程"买到景区门票，这样就可以轻松自主地进行一次说走就走的旅行了。当年轻的游客到了旅游目的地，他们还可以通过"大众点评"或"食神摇摇"找到当地的美食，通过"旅行翻译官"解决语言问题，通过"E地游"或"本地人"寻找一个适合自己的本地向导，用"漫游宝"让手机联上无所不在的互联网，接着就是一次个性化十足的风土人情之旅。当然，年轻的游客还可以通过"在路上"等APP随时随地分享自己的旅行经历和精彩见闻。事实上，受益于当代科技创新和越来越广泛的商业应用，互联网尤其是移动互联网已经深度地融入游客的旅游活动当中，以至于有人要在马斯洛需求层次的最底层再加一项"WIFI"。

信息技术一方面影响了人们的旅行方式，另一方面还对旅游权利的维护发挥越来越重要的作用。近年来，随着信息技术的发展，基于用户生成内容（UGC）和用户点评的商业模式日趋成熟。移动互联网的应用进一步加速了这一进程，各种移动端手机应用（APP）使游客能够在旅行过程中更加方便地查看和发表相关点评，通过微博、微信把自己的旅游经历甚至是点滴生活与粉丝分享。现在的年轻人获取信息的途径和模式已经发生了根本性的变化。以前人们看的是中央电视台、《人民日报》等权威媒体，而现在人们看的是微博、微信、脸书、推特、优酷等网络媒体。过去我们住酒店先问的是早餐在哪里吃，现在年轻人住酒店先问有没有免费的WIFI。游客外出打车可以用"快的打车"和"滴滴打车"来点评司机，吃饭可以用"大众点评"等来评价餐馆，住酒店所获得的体验也可以分享在"到到网"等各类社区网站，当然遇到一些不公平、不公正或者不文明的事情也会通过新媒体来发表自己的看法。游客只需要把自己受到的不公正待遇简单地通过一条微博和一条微信，再或者是配上一张图和一段视频就能够吸引大量的人群进行"围观"，甚至会形成一个社会关注的热点和焦点。如果明白了当代游客的行为方式，那么就会明白为什么大量投诉是

发在网络社区和新媒体，而不是传统的工商管理部门和旅游质监部门。在游客主动参与到目的地形象建构和大众传播的时代，利用好新媒体是一个了解游客消费行为最有效的手段，反之则会带来不良的影响。

【新闻回顾】

　　2012年1月28日，微博实名认证用户罗迪发布微博称："朋友一家三口前天在三亚吃海鲜，三个普通的菜被宰近4000元。他说是出租车司机推荐的。邻座一哥们儿指着池里一条大鱼刚问价，店家手脚麻利将鱼捞出摔晕，一称11斤，每斤580元共6000多元。那哥们儿刚想说理，出来几个大汉，只好收声认栽。"该微博发布后，引起网友的热议，一些网友纷纷转帖并留言称自己也遭遇过类似情况。截至29日下午6时30分，这条微博在网上已被转发4万多次。但真正激起网民和社会强烈反响的还不是这条微博，而是三亚市政府新闻办的一条回应微博，原文为：感谢游客、网民和媒体对三亚的关注、关心和热爱。今年春节黄金周在食品卫生、诚信经营等方面三亚没有接到一个投诉、举报电话，说明整个旅游市场秩序稳定、良好。政府部门的这条微博无视当地宰客风盛行之实，以"零投诉"、"无法举证"冷漠应对，进一步把三亚推到了舆论的风口浪尖。最后，海南省副省长、三亚市委书记专门召开媒体见面会向大家公开道歉，事态才慢慢得到平息。

3. 年轻人的生活观念、价值取向及其对旅游方式的影响

　　信息技术对旅行方式的影响是显而易见的，但是真正影响年轻一代旅游组织方式和消费行为的则是全新的生活观念和价值取向。与祖辈父辈相比，"80后"和"90后"的年轻人已不再满足于被安排的集体欢乐，而是希望更加自主地参与、更加自由地体验那些在精英阶层看来可能是浅浅的快乐。年轻人开始越来越不在乎旅游目的地"高大上"①的自然山水和历史文化资源，而开始越来越多地倾向于体验旅游过

---

　　① "高大上"，网络造词，意思是高端、大气、上档次。

程中的"小确幸"①。他们拒绝没有情感带入的宏观叙事，拒绝表演性的生活，而是强调自然的生活和可以把握的幸福。中国人长期形成的人生观、世界观和价值观正在发生深刻的变化，"毁三观"已成为这一时代最显著的热词之一。对他们来说，人生能有一场奋不顾身的爱情，一次说走就走的旅行就值了。对他们来说，自己的行程就应该自己做主，而且在旅行中还会追求情感的皈依，所以指向目的地生活体验的深度游逐渐成为主流。受此影响，一场韩国电影（如《来自星星的你》）和一台表演节目（如《爸爸去哪儿》）也能够成就一个热销的旅游产品。这个世界越来越让习惯于"五加二，白加黑"工作模式的中老年人看不懂。然而这确确实实是年轻人的价值观，为了生活去工作，为了快乐去旅行。从中国旅游研究院的抽样数据来看，25～34 岁的年轻人占出境游客的 38.6%，国内游客中 45 岁以下的人占到了 90% 以上的市场份额。年轻人正在成为新时期大众旅游的主体，并重塑旅游组织方式和目的地评价体系。

受益于云计算、大数据和移动通信助力的智慧旅游的发展，受益于 20 世纪 80 年代以后出生的年轻游客的消费观念变迁，自由、自主取向的价值观和自然、自助的生活方式一步步地投射到旅游休闲活动中来。年轻人正在改变旅游的世界，越来越多的旅游消费特别是城市旅游消费是借助互联网和移动通信、借助公共交通工具和商业服务体系自行完成的。旅游成为年轻人拿在手里的移动设备和相互分享的旅行攻略。年轻一代旅游消费观念的变迁，让旅游过程更加广泛地进入了目的地居民的日常生活空间，更加深入地体验当地人的生活方式。在对目的地信息有了更多了解以后，国内游客特别是年轻人更愿意使用机票、酒店、出租车等单项服务，更愿意体验景区之外的目的地生活，而不是跟着导游的小旗子去走既定的旅游线路。至此，新一代的生活观念已经转变成为现实的旅游生活方式。

4. 作为旅游方式的"自由行"

自由行源于自助旅游"FIT"（Full Independent Tourist），国内有的叫"散客游"、"背包旅游"。从活动形式上看自古有之，不过古人的自由行多是被动的，徐霞客时代没有公共交通工具可供选择，更没有完善的酒店、餐饮、主题公园、旅行社等典

---

① "小确幸"，网络造词，即"小而确切的幸福"。

型旅游业态和面向市场的商业服务体系可以借助，没有办法，只能依靠自己。正如我们不能把具有共产主义元素的原始社会视为共产主义社会一样，也不能把被动的、自发的自助旅游等同于现代意义的旅游组织方式。只有经过市场化、商业化和大众旅游发展初级阶段的洗礼，作为对团队旅游的组织方式再造，对自由行的研究才有理论意义和现实价值。我国自 20 世纪 90 年代发展国内旅游，特别是 1999 年实施黄金周假日制度以来，人们自助旅游越来越多。当代中国已经进入大众旅游与散客化并存的发展新阶段，而作为一项制度安排的"自由行"正式进入旅游话语体系，则发端于 2003 年中央政府与香港特区政府在 CEPA 框架下签署相关"自由行"的旅游协议。自那时起，东南亚、欧洲、马尔代夫等旅游胜地也相继对大陆游客开放个人旅游。

统计数据表明，近年来经旅行社组团出游人数比重和规模均出现下降，市场份额进一步缩小，2012 年经旅行社组团人数比 2011 年减少 3154 万人次，占比由 4.7% 下降到 3.1%。2013 年 32.6 亿人次的国内游客通过旅行社安排出行的比例为 1.98%，在目的地通过旅行社安排自己观光游览活动者只有 2.1%。换句话说，高达 96% 的境内旅游选择了自由行。在 35 岁以下的年轻人群体中，这个比例会更高。在旅行组织方式变化的同时，旅行消费结构也在变迁。1999 年至 2005 年，国内散客在游览方面的花费比例从 6.3% 上升到 8.9%，之后持续下降，2012 年散客在外地、本地的游览花费分别降至 5.2%、5.7%，是 1999 年以来的最低。这说明旅游观念、组织方式、消费结构是相互影响的，认识这一点对于把握游客满意度至关重要。

■ 三、面向游客的全面开放

上述分析表明，从消费主体来看，旅游与休闲消费正在成为国民大众的日常生活选项。2014 年，国民出游已经接近 3 次／人·年，这意味着旅游正在加速融入老百姓的日常生活。旧时王谢堂前的燕子，真的飞入了寻常的百姓人家。虽然"来一次说走就走的旅行"还是文艺色彩颇为浓厚的梦想，但是对于 96% 以上的游客而言，毕竟不再选择团队旅游。他们从互联网上获取目的地信息，从社交媒体上整理旅游攻略，然后比价、预订，带上手机和信用卡就出发了。到了目的地之后，除了若干典型的景点外，游客更加强调融入和体验当地民众的生活。主题酒店、民居客栈、经济型酒店、出租车、地铁、公交车、社会餐饮、商业中心、电影院、演唱会、WIFI、APP、漫游宝等非标准服务成为游客体验和分享的关键词。除了少量以山岳湖泊等自然资源和古迹文物等历史文化资源为主要吸引物的传统景区外，越来越多的城市和乡镇旅游目的地开始成为游客常态化的消费选项，游客与居民的边界趋于消解。在旅游动机多元化、信息技术普及应用、自由行兴起等因素的影响下，旅游真正成为民众异地的生活方式，在"入境、观光、团队"时代建构起来的那个封闭的旅游世界正在走向开放的异地生活体系。值此大众旅游从初级阶段向中高级阶段演化的关键时期，"开放"可以说是当前旅游市场和产业格局的本质特征，也是新时期旅游商业思想形成的经济基础。

此外，散客化的旅游组织方式开始倒逼城市居民的公共生活空间、商业服务体系和公共服务体系全方位地向游客开放，游客与城市方方面面的接触越来越多，不仅促使旅游业与第一、第二、第三产业加速融合，而且从游客评论和投诉来看，多数是指向城镇基础设施、环境保护、商业和公共服务部门。《中华人民共和国旅游法》起草组在立法过程中清醒地认识到：旅游活动的形式越来越丰富，渗透的地域也越来越宽泛，没有旅游活动涉及不到的部门，也没有旅游活动到不了的地方；旅游服务与城乡经济活动、社会活动无法分开；旅游活动还存在于老百姓的生产和生活之中；旅游区与其他功能区很难分开。简而言之，就是游客越来越多地进入了目的地居民常态化的生活空间。过去游客到了目的地，是由旅行社安排专门的旅游车辆在机场、码头、酒店、景区、餐馆、购物点之间封闭运行的，现在则完全过渡到了一个开放的体系和空间。城市的出租车市民可以坐，游客也可以坐；餐饮场所市民可以去消费，游客也可以去消费；当地的百货大楼本地人去买东西，外地人也去买东西。诸如公园、广场、地铁、电影院甚至菜市场等公共空间和商业场所，越来越为本地市民和外来游客所共享了。现在的资源是开放的，所有的市民可以进入的公共空间以及可以享受的服务项目也是游客可以进入并分享的。一些过去被认为是典型的旅游空间如杭州的西湖、南京的玄武湖等也接待了越来越多的本地居民，而传统上被认为是居民生活空间的菜市场、商业中心等同样吸引了越来越多的游客。

正是因为旅游已经是一种异地短期的生活方式，游客就不再仅仅把自己局限于旅行社安排好的景区、酒店、餐馆和购物场所，或者说不再局限于原来那个专门为游客设定的"封闭世界"，而是在一个开放的体系中广泛接触目的地居民日常生活和经济社会发展的方方面面，深度体验目的地物质文明和精神文明的一切成果。游客通过自主、自助和自组织的形式到了旅游目的地后就像水银泄地一样，与城市或乡村旅游目的地的总体生活环境进行极为广泛而有深度的亲密接触。他们不但会通过移动终端评价传统的旅游要素，还会评价城市的居民友好程度、物价水平、空气质量、城市绿化、地铁、公交、出租车、商场甚至是警察的执法态度和执法水平。实际上，游客体验逐渐成为对一个旅游目的地的综合发展质量和城市治理水平的评价。有的游客在微博上感叹："再好的风景也扛不住雾霾！"在一个开放的旅游发展体系中，如果城市管理者和旅游行政主管部门还是掩耳盗铃般地只通过传统的投诉、接诉、转办、处理和反馈的方式来回应游客对目的地的评价，那么就仍会不断地出现类似三亚"宰客门"的社会热点事件。正因为游客不仅通过传统方式而且通过网络来表达意见和诉求的，所以全国游客满意度调查项目在结构模型设计中充分运用了扎根理论建立网络评论和非官方投诉指数，书面问卷更是包括了城市环境、公共设施、商业服务等各方面的问题近百项，用游客的视角全面审视旅游目的地发展的综合质量和城市治理水平，就像全方位"体检"一样对旅游目的地进行深度分析。

在旅游发展的新时期，不仅游客与市民的身份难以分清，而且提供旅游服务的市场主体界定也越来越难，景区与社区也正在交融发展。游客对目的地的满意度评价更多通过媒体，特别是网络社交媒体而不是通过官方的投诉渠道，导致官方发布的质量信息与游客的实际感知常常错位。正是在这一背景下，理论界必须通过科学手段打捞并总结分散的旅游发展质量信号，并通过学术建构和理论应用指导国家旅游行政主管部门和地方政府把旅游监管从微观层面提升到宏观层面，从行业管理转向旅游目的地发展质量管理，进而自觉地把游客满意理论上升到国家和地方的目的地发展战略。

伴随着大众旅游从初级阶段向中高级阶段的演化进程，散客而非团队成为主流的旅游组织方式，游客在目的地广泛介入到居民常态化的生活空间。面对消费主体、消费结构和组织形式的变化，再加上市场主体的创业创新实践，我们清醒地认识到：一个开放的旅游体系正在我们面前渐次打开。旅游经济运行，特别是城市旅游目的地正从一个封闭的旅游世界逐渐转向开放的旅游体系。

第三章

旅游目的地是生活环境的总和

在游客从团队旅游走向自由行、从封闭体系走向开放世界的过程中，我们看到旅游景区相应开始为更加丰富多彩的目的地生活环境所取代，旅游饭店日益回归住宿业的本质，旅行社业正在加快向广义旅行服务业演进，旅游交通则向目的地交通体系转化。可以说，旅游目的地已经从传统的"吃住行游购娱"走向目的地生活环境的总和。

一、市场主体的演进与新秩序的重构

在入境旅游发展时期，由于旅游是一个高于本地生活水平的植入性消费，或者说目的地的生活方式、商业和公共服务无法满足境外游客的现实需求，所以只能是政府主导和超前发展。表现在实践中，就是饭店、交通、景区、旅行社、餐饮、娱乐、厕所等旅游要素都是由政府主导解决的，其投资和运营的主体主要是国有企业。可以说，当时的国有旅游企业及其组成人员付出了巨大的努力，解决了旅游发展过程中"有没有"的问题。

1978 年，我国当时仅有 137 家旅游饭店，而且功能单一、设备陈旧，大多属于无空调、无彩电、无一次性用品、无浴缸和喷淋设备的"四无"房间。但就是这样的饭店和房间，也是供不应求。许多重点旅游城市和风景名胜地区，如上海、广州、杭州、西安、桂林等地不得不让游客住进不具备接待条件的社会旅馆，或让游客在会议室、餐厅搭行军床和地铺过夜。面对这样的接待条件，一些入境游客笑侃道："桂林山水甲天下，来到桂林住地下。"由于当时的旅游服务意识淡薄，也常常引起入境游客的不满和冲突。譬如当时一家住满外宾的广州某大宾馆，一批入住宾馆不足一个小时的法国游客，因不能忍受枕套上不知道多少游客的头发滚过的油污味、床单上的毛发、床垫下面的蚂蚁窝和过了7点半便关门下班、不再招待客人进餐的餐厅，以及服务员傲慢无礼的态度，他们"处处感到愤怒"。于是，这一行人一齐打开窗户，把被单、枕套、枕芯、毛巾统统从29层高的楼顶扔下去。他们一边扔一边喊："垃圾！垃圾！"市政府第二天收到他们一封投诉信，历数宾馆的种种不是，最后用西方人惯有的幽默，要求"把这间酒店的总经理吊死"。正是在入境游客的抱怨中，我们主要是依靠国家力量和政府主导解决了旅游产业要素的配套问题，而且还不断吸收西方先进管理经验或直接引进国外饭店管理公司解决了基本的服务质量问题。这一时期，金钥匙服务、前台站立式服务、员工工装、免费员工餐、全员劳动合同制、企业与员工双向选择、法人治理结构、所有权与经营权分离、标准化、客户关系管理等等都成为引领当时社会潮流的风向标，令其他行业羡慕不已。白天鹅、金陵、建国、国旅、青旅、中旅等旅游企业的招聘往往排起长队，吸引了无数年轻人的关注。

当旅游发展到大众化时代，由于旅游产业格局的剧烈变动，一些传统旅游企业在延续入境旅游时期发展起来的商业模式和路径依赖时，不知不觉落伍了，而且越来越不能适应时代的发展。倒是那些面向大众市场、源于时尚生活的现代旅游企业，特别是一些处于政府主导之外的创新业态开始蓬勃发展起来了，如早期的携程、艺龙，近期崛起的去哪儿、同程、途牛、欣欣旅游网，再到今天的蚂蜂窝、世界帮、在路上、穷游、航班管家等线上或无线旅行服务商。饭店业板块，则有如家、华住、铂涛、维也纳、桔子、布丁等经济型酒店、精品酒店或中端酒店，还有中信产业基金、凯雷投资、红杉资本、今日资本、宽带资本、IDG、DCM、戈壁投资、盛大资本、联想控股、软银中国、晨兴创投、纪源资本等风险投资和产业基金的战略进入，共同推动了当代中国旅游产业进入一个品牌创设和企业并购的新时代。新兴旅游企业的佼佼者很快就超越了那些拥有数十年历史的传统酒店和旅行社进入了中国旅游集团二十强序列。在获得其自身商业成功的同时，也为旅游业赢得了广泛的社会声誉和国际同行的关注。现在的市场主体越来越年轻化，带有鲜明的创业基因，并一点儿一点儿地改变旅游经济的产业地图和竞争态势。在以新业态名义活跃于旅游市场的创业创新主体在日益拓展旅行服务边界的同时，事实上也重新定义了旅游的外延和内涵。移动互联网、大数据、云计算，甚至是 3D 打印和可穿戴设备，这些当代的科学技术，对于旅行服务来说，不仅是理论上的技术进步，也是现实的商业应用。当旅游成为老百姓短期的异地生活方式，当游客越来越多地广泛地进入目的地居民的日常生活和休闲空间，创新和重构也自然而然地演变成跨界融合的商业故事。很多时候，我们在用商业和技术定义生活，生活则无时无刻地不在定义着我们。

产业融合与创新发展对旅游产业活力的提升是好事情，但是也会让新时期的旅游监管面临着越来越大的不确定性及其挑战。在传统的入境、观光和团队旅游时代，从游客入境开始的每一个环节、每一个服务机构甚至具体到每个员工似乎都归旅游局管，旅游行政管理部门也清楚地知道自己的行政边界，并娴熟地运用牌照、准入、年检、奖惩等手段对市场主体进行管理，从而将团队游客的满意度维持在一个相对较高的稳定水平。随着大众旅游的兴起、旅游需求的变化特别是新型市场主体的兴起，如万达、阿里巴巴、百度、京东、腾讯等等这些拥有巨大市场话语权的企业在进入旅游领域，如 2014 年我国旅行服务机构已达到 10 万家左右，远超同期注册旅行社的 2 万多家的数量，我们靠什么来监管这些企业？又有什么能力来监管这些企业？即使一些被明确定义为旅游企业的市场主体，如携程、艺龙、去哪儿、途牛、同程等在线旅行服务商和开元、海航、华住、铂涛、布丁等旅游住宿供应商，由于它们均是在市场机制中自主成长起来的，它们更加关注的是消费者的评价而非来自官方和精英阶层的认可，所以对政府及其旅游行政管理部门的认同也并不是天然形成的。事实表明，现在的问题不是我们承认不承认市场在资源配置上起决定性作用，而是越来越多的企业开始绕过部门监管、面向大众需求构建起了新的市场秩序，政府主导的传统基础正在无形中"沦陷"。改革开放和市场经济发展是一个不可逆的过程，回是回不去的。我们必须基于大众旅游的新诉求和市场主体的新格局，重新建立起新时期的旅游监管体系。全国游客满意度调查正是从千千万万游客的现实诉求出发，通过科学归纳、理性代言，把广大客对旅游目的地的公共服务和商业服务的真实评价，通过权威媒体和各种新媒体如实地反馈给各级党委政府和各类市场主体，并通过每个季度的全国游客

满意度发布会引导各级党委政府的工作和市场主体的创新转移到大众需求上来，从而实现科学研究与国家战略的有机互动。

二、以生活方式的名义对城市再审视

作为当代旅游发展理论体系的基础命题："旅游是一种短期的异地生活方式"，既包括了旅游的存在本身又包括了旅游的存在方式。即旅游作为一种存在已经成为当代社会常态化的生活习惯，同时，作为一种存在形式又主要以生活方式体验为特征。学术界已经有学者把旅游作为一种生活方式来看待，但这并不妨碍我们将之贯穿到整个当代旅游发展理论体系的框架之中。因为发现现象和系统地解释是完全不同的学术分工，我们选择的是后者。既然旅游是一种短期异地的生活方式，下面就从什么是生活方式谈起。

对于生活方式的研究，许多思想家都做过深入的思考，马克思和恩格斯就是在对工人阶级生活方式的亲身经历与深刻认识中发展起了马克思主义学说。恩格斯在《英国工人阶级状况·导言》中详尽地考察和分析了产业革命前后英国工人的生活方式："当时英国产业工人的生活和思想与现在德国某些地方的工人是一样的，闭关自守，与世隔绝，没有精神活动，在自己的生活环境中没有激烈的波动。……他们在自己的平静、庸碌的生活中感到很舒服，假若没有产业革命，他们是永远不会丢开这种生活方式的。"马克思在其《政治经济学批判·序言》中还列举了人们的社会生活、政治生活和精神生活。在一方面强调生产方式对生活方式的决定性影响外，马克思和恩格斯还注意到自然环境、人口种族等对人们生活方式的影响，而且马克思和恩格斯认为人既是社会历史的存在，又是自由自主的。换句话说，生活方式既是稳定的又是可以改变的。在马克思和恩格斯看来，生活方式可以理解为人们一定的生活活动方式的总和，然而在马克思和恩格斯的著作里并没有给生活方式下过明确的定义。著名社会学者马克斯·韦伯在《阶层、地位与权力》一书中对生活方式做了专门论述，他指出："一个人得到某种收入其原因归于他的阶级地位。这样的收入使人们有可能以某种生活方式生活，而且人们很快可与其他的采取同种方式生活的人结成朋友。人们一经决定选择某一种生活方式，他们就要从相似的群体中去选择婚姻的伴侣。他们发现，要同生活方式不一样的人在一起生活得和谐是很困难的，因此地位群体成为一个在内部发展的圈子。"中国传统婚姻观念讲究"门当户对"，从程序上讲则"父母之命，媒妁之言"，在现实中也是不可能想象焦大把林黛玉娶回家过日子的。如果做生活方式中西方比较的社会学论文，这也许是再合适不过的研究素材了。

旧制度经济学派的创始人凡勃伦也曾对生活方式做过较精辟的论述，他在其代表作《有闲阶级论——关于制度的经济研究》中阐述道："生活方式所由构成的是，在某一时期或社会发展的某一阶段通行的制度的综合，因此从心理学的方面来说，可以概括地把它说成是一种流行的精神态度或一种流行的生活理论。"当代法国著名社会学家布迪厄采用惯习和场域的概念来阐述生活方式，惯习是个人社会化的个性，个人的行动则是惯习的表现形式。生活方式是惯习的系统化的产物，在关系的交互中被感知，并成为一套社会化了的符号系统。场域则是一系列关系组成的历史存在，包含着历史文化等多种因素。人们在场域中的位置会激发人采取特定的行为方式。在这种双重结构的作用下，人们的日常行为成了系统化的实践。综上所述，生活方式是由各种客观和主观因素共同决定的结果，生活方式是可以发生变化的，而且具有阶层性，一个阶层有一个阶层的生活方式。

新中国成立以后，学术界曾在 20 世纪 80 年代掀起过一阵研究生活方式的热潮。1984 年中共十二届三中全会通过的《中共中央关于经济体制改革的决定》中指出："经济体制的改革，不仅会引起人们经济生活的重大变化，而且会引起人们生活方式和精神状态的重大变化……要努力在全社会形成适应现代生产力发展和社会进步要求的，文明的、健康的、科学的生活方式，摒弃那些落后的、愚昧的、腐朽的东西；要努力在全社会振奋起积极的、向上的、进取的精神，克服那些安于现状、思想懒惰、惧怕变革、墨守成规的习惯势力。这样的生活方式和精神状态，是社会主义精神文明建设的重要内容，是推进经济体制改革和物质文明建设的巨大力量。"但是这一时期的生活方式研究热潮因为没有得到社会大众的积极呼应，而且也没有生活方式研究的实践基础，所以并没有持续下来。

近年来，随着我国经济社会的繁荣发展，生活方式研究重新引起学术界的关注。社会学、经济学、管理学、历史学、民族学、哲学等各个学科都开始从不同角度来研究人们的生活方式。与其他学科不同的是，旅游研究所关注的是一种短期的异地

生活方式研究，这是我们对旅游学科研究领域的界定。如果说生活方式是回答人们"怎样生活"和"生活怎样"的问题，那么旅游所研究的就是游客在短期异地"怎样生活"和"生活怎样"。游客正是在客源地惯常生活和目的地短期异地生活的不断反思中寻求着对"美好生活"的定义，探索着人们的生活幸福之道。因此，把旅游作为一种短期异地的生活方式来研究始终彰显着人性的光辉和体现着人的自由自觉的生命存在方式与人类社会的本质。反观当代世界由发达国家引领的现代社会向后现代社会的转型，以及由此产生的价值观变化，正推动经济增长转向生活方式的变迁，保证民众的生活幸福，从而使个人和集体"如何生活"的问题上升到"生活政治"的高度，由此，全球化的实质被表述为"以一种非常深刻的方式重构我们的生活方式"。无论是国内还是全球的发展趋势都要求我国的现代化把民生和生活质量问题放在重中之重的位置。因此，不断追问游客的短期异地生活是否满意，可以也必须成为当代旅游发展理论与实践的重大命题。

旅游被定义为一种生活方式之后，短期异地生活的全部都将被纳入旅游研究的对象和内容中来，旅游就不单单是指观光旅游、休闲旅游和度假旅游，它还应该包括商务旅游、会展旅游、民俗旅游、宗教旅游、温泉旅游、乡村旅游、冰雪旅游、避暑旅游、修学旅游、体育旅游、医疗旅游、农业旅游、工业旅游、红色旅游、黑色旅游等等，只要是异地可以共享的自然与人文都可以成为旅游发展的资源。旅游发展的现实难道不正是这样吗？繁华的都市可能没有什么传统意义上的旅游资源，但却吸引了大量的游客来观光，他们只为体验异地都市人的生活方式。正是在这一意义上，我们得出一个基本命题：旅游是目的地生活环境的总和。

据史料记载，在近代上海、天津等通商城市，作为现在日常生活所使用的"电灯"成了当时重要的观光资源。如1882年11月7日发表在《申报》上的一篇文章《论电灯之用》记载："每夕士女如云，恍游月明中，无秉烛之劳，有观灯之乐。……行者，止者，坐于榻、倚于栏者，目笑而耳语者，口讲而指画者，洵可谓举国若狂矣。"可以想见，这里的"士女"和"行者"中定有众多的游客。生活在近代中国二元结构下的乡村居民到繁华的大都市去游玩已成为当时一种持久的风气，人们称之为"开眼界"，视为看"西洋景"。这些人对城市生活的体验、学习和模仿，又被带回乡下，他们向亲友们传达转述自己的观感体验，传递羡慕与向往的感受。城市生活成为人们羡慕与向往的对象，是享乐、富裕、文明生活的象征，成为社会的主导生活方式。城市生活对其他地方的人们产生了强大的吸引力，进入城市过上现代化的生活，成了人们的追求和梦想。

而今，城市仍然是人们外出旅游的主要目的地。在中国旅游研究院 2009 年以来每年一部的《中国区域旅游发展报告》中，我们发现了一个有趣的现象，就是主要的旅游客源地和主要的旅游目的地在地理空间上是高度同构的，主要集中于长江三角洲、珠江三角洲、环渤海、成渝汉等城市群。很多人到北京旅游不单单是去看故宫、登长城，而且更多地还要去后海、南锣鼓巷，甚至是实地感受一下北京拥挤的地铁和车水马龙的街道。还是那句话，旅游目的地一切可以共享的自然与文化都可以成为旅游资源，这包括但不限于武术、戏曲、舞蹈、音乐、绘画、教育、法律、建筑、语言、风俗、服饰、饮食、医疗、手工艺品、农业、工业等。我们甚至还可以发现旅游目的地居民及其婚丧嫁娶都已经被包装成了旅游产品，犹如一本杂志合集的名称——《台湾，最美的风景是人》，所以还有什么目的地生活方式不能够成为旅游资源呢？尤其是在大众旅游时期，96% 以上的游客是自主、自助和自组织出行的，他们在目的地广泛介入到居民的日常生活和休闲空间以及所有他们能够进入的公共空间，游客与城市和乡村目的地的方方面面广泛接触，可以说没有旅游活动涉及不到的部门，没有游客到不了的空间，也没有游客参与不了的活动。游客在目的地的感受和评价几乎包括了城市建设的各个方面，譬如市容市貌、供水供电、施工管理、空气质量、手机信号覆盖等。连续六年的全国游客满意度调查得出的一个重要结论就是，游客满意直接与旅游目的地的综合发展质量、当地居民素质和友好程度有关。

国际旅游发展历程和成功经验表明，生活环境的营造在国际知名旅游目的地建设中居于核心地位。瑞士日内瓦虽然城市不大，但无疑是世界性的旅游目的地。由日内瓦市政府和旅游局举办的年度盛会日内瓦节，每年约有 200 万名游客慕名前往。人们之所以对日内瓦湖趋之若鹜，除了优美的湖光山色之外，优越的生活环境也是重要因素。日内瓦的街头遍布各种广场、博物馆、艺术馆，还有 1100 多家风格迥异、品味独特的餐馆，号称是世界上按人均计算餐馆最多的城市。在一项针对全球 200多个城市生活质量的连续性调查中，多年来日内瓦的生活质量始终位居前列。新加坡、日本和中国台湾地区旅游业发展经验表明，美丽的山水风光固然是吸引游客到访的本底资源，但是服务人员的专业与效率，民众对游客的友善与包容更能够带给游客美好的体验，令其给出满意的评价。台湾旅游业界在对外宣传推广时最自豪的那句话就是"台湾最美的风景是人"。如何培养市民、村民特别是窗口行业的员工对游客的友善性，是至少与基础设施建设、大项目和大活动同等重要的工作。2014年6月，全球知名旅游网络社区TripAdvisor（在中国境内注册为"到到网"）发布了全球37个主要旅游城市的游客评价排名。受访的5400名游客的评价内容主要涉及当地居民乐于助人、友好的出租车司机、出租车服务、街道整洁、出行方便、公交系统、消费性价比、购物、酒店、餐馆、景点、文化、夜生活、适合独自旅行、适合家庭旅行、整体体验等16个项目。结果显示"景点"不再是旅游评价的首要标准，例如东京的自然风光和人文景点评价一般，但因"当地居民乐于助人"、"出租车服务"、"街道整洁"、"公交系统"、"友好的出租车司机"、"适合独自旅行"、"夜生活"等指标排名位于前列而成了全球旅游"整体体验"最佳的目的地。新加坡传统旅游资源虽不占优势，但在"适合独自旅行"、"出租车服务"、"街道整洁"、"适合家庭旅行"等指标上都名列前茅。与之相对的是，孟买、莫斯科等差评城市的短板主要在于旅游城市配套的服务环境。北京在文化和历史景点上获得不少好评，但当地居民乐于助人、友好的出租车司机、出租车服务等指标排名靠后，多数游客也认为纽约的出租车司机应该多展露点笑容。TripAdvisor等业界调查结果也印证了我们在全国游客满意度调查中总结的一个观点：景观之上是生活。旅游目的地应更加重视游客面向日常生活的诉求，培育市民和游客共享的生活空间。[①]

旅游与城市发展的相互融合为城市化和新农村建设带来了全新开放格局和创新动力，进而使得我们与世界文明的对话有了现实的可能。正是基于城市演化的理解，1933年的《雅典宪章》将居住、工作、游憩与交通界定为现代城市的四大功能。伴随着生产力、规划理念、污染、遗产保护等对城市的综合影响，1977年的《马丘比丘宪章》进一步提出，城市应该更加突出生存空间的宜人化。城市发展理论的演化，尤其是关于"游憩"和"更加宜人化"的表述，与其说是对城市发展方向的界定，不如说是城市发展中"不游憩"、"不宜人化"问题的呈现。从这个意义上说，城市旅游是新型城镇化的题中之义。实际上，伴随着工业革命释放的巨大生产力，现代城市开始成了制造中心，也是商业中心和物流中心。直到后工业社会，服务业取代

---

① 中国旅游研究院，2014年第一季度全国游客满意度调查报告发布会，人民网，2014年4月7日。

工业成了城市经济的主体，城市变成区域的、全国的和国际的服务中心。旅游依托城市而发展，城市融合旅游而成长，越来越成为世界性的趋势。现在，城市已经是游客主要到访的目的地，也是旅游服务和集散中心，构成了现代旅游业发展的关键空间支撑。一座优秀的旅游城市，是一座适宜居住和生活的城市，也是从点滴的细节上真诚善待每一位普通市民的城市。一座优秀的旅游城市，还应当具有面向大众，发育完善的商业接待体系。

三、旅游目的地：走在差异与相似之间

在观光主导的旅游发展体系中，游客对目的地的识别，或者说目的地对客源市场的吸引力主要指向旅游资源的差异性。判断目的地竞争力主要看传统的"二老"资源——老天爷留给我们的自然资源和老祖宗留给我们的历史文化资源的丰富程度。随着休闲、度假、医疗、体育等多元化旅游需求的兴起，以及目的地现代商业环境的完善，当代国际旅游发展的前沿理论则需要探讨那些非传统旅游资源，城乡居民的公共空间和常态生活开始进入旅游话语体系。这就要求我们从"短期的异地生活方式"这一当代旅游的本质出发，重构当代旅游发展理论，特别是目的地发展理论。与传统的资源导向型发展理论不同，当代旅游发展理论在强调差异性的同时，更加强调相似性，不仅见物、见古，还要见人、见今、见未来，关注那些保证游客在异地生活品质的公共服务体系和商业环境。在国民旅游和国民休闲的研究中，目的地形象的差异性和接待环境的相似性及其协调共生是非常值得探索的理论主题。在产业实践中，也自然存在着一对显著的矛盾或者张力，那就是游客在追求生活体验差异性的同时也在追求生活方式的相似性。游客始终生活在"他乡之惑"和"故园之恋"中，旅游目的地发展和游客满意程度也因此始终受到差异性与相似性的均衡制约。

1."他乡之惑"的差异性体验

人们对美好事物的喜爱是天然的，自人类社会诞生的那天起，就从来没有停止过对美好生活的追求。美好生活既包括本地的惯常生活，也包括短期异地的体验与

探索。短期异地的生活没有日常的琐碎和工作的羁绊，因而是自由的，也是处处让人感到新鲜的。当游客踏上旅途的那一刻，他就开始在用不同的眼光来打量这个世界了。就像明末清初的文学大家金圣叹所言：真正的旅游使人"胸中有一副别才，眉下有一种别眼"。许多在居民眼里习以为常甚至是熟视无睹的环境、事物和现象都被游客重新赋予了意义，崎岖不平的山路、年久失修的古宅、深埋地下的墓穴、帝王将相的故居、民间失传的古乐，甚至是荒凉的沙漠等等都重新有了体验的价值和审视的意义。古人说"近处无风景"，也说"看景不如听景"，目的地居民的日常生活方式在游客的眼中也成了差异性体验的对象。

很多自由行的大陆游客喜欢搭乘台北的地铁，也就是当地人所说的捷运，去红楼体味历史的沧桑和当代文化创意的产业化培育；去艋舺夜市，在那部有名的电影取景地分享普通市民的餐饮；在午夜时分闲逛逢甲夜市，在熙熙攘攘的人群中感受小时候去外婆家走亲戚般的快乐。这些时候，我们都会忘记自己来自异乡，觉得自己全然融入了当地的生活环境，而且自己就是这个环境的一分子，这种明明是异地的游客，却又可以自由自在"混迹"于当地居民生活中的感觉着实令人难忘。在游客眼里，宁夏人早上的一碗牛肉拉面，这种在当地人看来再正常不过的一种生活方式，也可能成为难能可贵的真实旅游体验。

不但当地人的日常生活方式，当地人的生产方式也开始被纳入新时期旅游体验的范畴，譬如到青岛啤酒厂参观啤酒生产，到农民的菜地和果园劳动或采摘。此外，游戏、运动、购物、吃饭、睡觉等日常活动如果是在一个十分独特的视觉环境和背景下进行的，就会有迥异于惯常环境下的独特体验和特殊意义。在巴黎街头喝杯咖啡、在泰迪熊博物馆买个毛绒玩具、在农家院落里吃饭等等。在谢彦君教授等人编著的《旅游体验研究——走向实证的科学》里记载了几个游客在乡村旅游的感受："养些鸡鸭和猪，不见得要吃，但有活物在旁边走啊绕啊叫啊，比宠物更可靠，有生活气息，悠然自得，感觉没有烦恼，能让平日紧张的神经放松下来。"在游客的眼里，东北的"大姑娘叼个大烟袋"、"看门狗"、"爬犁"、"火炕"等都成了让人愉悦的体验对象。无论是学术文献，还是普通的游记，都可以发现很多本地居民的生产、生活方式成为游客凝视的案例。

游客的视角总是独特的和敏感的。初到成都的游客可以明显闻到满大街的火锅味，初到福建的游客也可以吃出馒头加糖的味道，但对本地居民来说，这一明显的区域特征早已在惯常环境中被忽略，或者说习以为常了，所谓"久处兰室，不闻其香"就是这个道理。由是出发，游客的视角是对城市现代生活和乡村传统生活的重新审视和再发现。游客满意与否、满意的程度如何，都提供了一种与本地居民相互印证、相互补充的价值评价。从历史上的案例来看，游客不但能够重新发现旅游目的地的风景与生活意义，而且还能够发现不同的财富。亚当·斯密的《国民财富的性质和原因的研究》（旧译《国富论》）有这样的记载："当古巴和圣多明各刚被西班牙人发现时，那边的穷苦居民，常以小金块作为头饰和服饰。他们对这些金块的评价，似乎和我们对那些比一般略美的小鹅卵石的评价相同。"不一样的视角可以发现不同的世界，或者说旅游的意义在于：他乡在诱惑游客的同时，游客也在发现他乡价值。

2."故园之恋"的相似性体验

日常生活是结构化、程序化的生活，大多由美国心理学家卡尼曼所说的"系统1"所决定。行为心理学研究把人类的大脑分为快与慢两种做决定的方式，快的模式被称为"系统1"，而慢的模式被称为"系统2"。常用的无意识的"系统1"依赖情感、记忆和经验迅速作出判断，它见闻广博，使我们能够迅速对眼前的情况作出反应。但"系统1"也很容易上当，它固守"眼见即为事实"的原则，任由损失厌恶和乐观偏见之类的错觉引导我们做出错误的决策。有意识的"系统2"通过调动注意力来分析和解决问题，并做出决定，它比较慢，不容易出错，但它很懒惰，经常走捷径，直接采纳"系统1"的直觉型判断结果。从研究结果来看，人在日常环境下都是被"系统1"所支配的，其运行是无意识且快速的，不怎么费脑力，没有感觉，完全处于自主控制状态。

在短期异地的旅游生活中，"系统1"出错的机会呈几何型增长。这是因为，旅游是从结构化、程序化的生活环境进入到一个相对于游客的非结构化、非程序化的环境。在旅游的新鲜感过后，游客在异地体验到的更多的是生活环境和生活方式差异所带来的焦虑，不熟悉的城市街道、不期而至的暴雨和雾霾、常常误点的公共交通和航班、时有发生的偷窃和欺诈等。由于现代社会系统的日趋复杂和生活内容的极度丰富，异地生活所需要的信息量非常庞大，即使做了大量的旅游攻略和行前准

备，仍然会出现太多不可预见的情况。调查发现，绝大多数游客在目的地生活了一小段时间后，就会开始怀念惯常生活环境的安全、稳定和秩序。几乎每一位游客，特别是散客都会遭遇上厕所、打电话、手机充电、问路、上网、打车或坐公交、看病、喝水、吃饭、住宿、休息、拿行李、看地图、兑换货币等日常不容易察觉的困难。如一位《中国旅游》的读者所言：总感觉自己像一只风筝，无论飘多远，最后总是会被城市也就是所谓的"惯常环境"这只大手拉回来。正是因为旅游是非结构和非程序化式的生活，因此才会在《心花路放》之后遇到《人在囧途》和《泰囧》。由于本地居民的结构化、程序化生活形成的集体无意识，所以无法深刻地体会游客的切身感受。

国家战略视角下的游客满意理论正是基于日常生活实践而提炼出来的。通过游客的视角来审视城市和乡村旅游目的地，进而对城市或乡村的发展水平和友好程度进行全面的评价，也为目的地生活环境的改善和发展提供外来的动力。实际上，越是陌生的环境，游客越是需要触手可及的温暖。世界旅游发展经验表明，那些从细微之处善待每一位普通游客的城市，其不断完善的公共服务体系和不断优化的商业环境最终会提升城市的形象和市民的日常幸福感。

在与各地和各级政府的互动中，我们由衷地希望公共服务和应急管理不再只是说说而已的理念，而是直面游客现实诉求的细节完善过程。自踏上目的地的那一刻起，特别是那些来自经济发展水平、文明程度更高地区的游客，总是在欣赏异地美丽景色和生活方式的同时，自然而然地希望能够保证他们基本的生活预期。在外行走了一天，回到住处能吃上可口的饭菜，洗个热水澡，舒适地睡上一觉，是旅游生活的梦想也是基本的诉求吧。这个梦想穿越千年而来，在将要全面建成的小康社会里依然在前方闪耀着动人的光辉。在国民大众作为消费主体的旅游发展新阶段，先不忙着展示所谓的标志性建筑和政绩工程，而要注重完善旅游发展的基础设施，着眼于满足游客在异地生活的基本诉求。要时刻牢记旅游是人们短期的异地生活方式这一朴素原理，为游客的衣食住行提供文明社会的基本保障。近年来，我们在各种场合不断地阐释并呼吁如下常识性的理念："万丈红尘最温暖"、"好的城市要经得起游客的寻常打量"、"让游客像走亲戚一般地常来常往"、"景观之上是生活"。我们也呼吁各级政府和商业机构为了"更多的民众参与和更高的品质分享"，为了"人类有尊严地在大地上自由行走"提供必要的公共服务和商业服务。六年来连续实施的全国游客满意度调查和评价项目，推动了越来越多的地方政府把旅游纳入到国民经济和社会发展的框架，不断地构建一个游客与居民共享的生活空间。这是实践创新的结果，也是回归常识后的理论建构和理念普及的结果。

四、游客满意：异乡的生活与共同的价值

从社会学的观点来看，旅游是特定公共生活领域的人进入到另外一个公共生活领域[①]后所引发的现象和关系的总和。由于不同公共生活领域之中的人们在生活态度、生活方式和社会交往机制等方面具有可以明确识别的差异，所以主客之间的冲突以及伦理道德评价始终伴随着旅游发展的全过程。生活方式是由生产方式、地理环境、文化传统、思想意识、风俗习惯、政治制度、宗教信仰等因素共同决定的，孟德斯鸠在《论法的精神》中阐述道："人受气候、宗教、法律、施政的准则、先例、习俗、风尚等多种因素的支配，其结果是由此而形成了普遍精神。对于每一个民族来说，若一种因素的作用较强，其他因素的作用就会相应受到削弱。"由此推断，游客的日常生活方式与目的地居民的生活方式之间的差异越大，相互间的冲突表现就越激烈。

李长莉的《中国人的生活方式：从传统到现代》记载了上海租界内中国传统与现代生活方式发生的种种冲突。譬如传统街道上的自由行走与租界内的车水马龙的冲突，随处溺尿、倾倒垃圾和卫生管理的冲突等。据史料记载，光绪初年上海租界曾颁行例禁条令20条，涉及公共场所的各种活动细节，如禁路上倾倒垃圾；禁道旁小便；禁东洋车、小车在马路随意停走；禁马车、东洋车夜不点灯；禁小车轮响；禁肩舆挑抬沿路叫喝；禁施放花炮；禁九点钟后挑粪担；禁乞丐；禁聚赌、酗酒、斗殴；禁卖臭坏鱼肉等。租界里的这些规定对人们在公共空间的生活细微之处给予一定规范，使中外民众能够共享公共生活秩序，现代文明导向的强制性制度变迁，

---

① "公共生活领域"是从社会学"公共领域"引申出来的一个概念。"公共生活领域"使人们作为相对独立自由的个人，共享一定的跨时空的公共空间，享有共同的生活方式和休闲方式，参与一定的公共生活并相互交流，形成相近的生活意愿和公共意志，并可以通过一定的途径予以公开表达，从而对公共生活的管理产生影响。有兴趣的读者可以继续在公共领域理论里探索道德冷漠和道德失范的问题。

让租界内的生活成为当时人们向往的生活方式。受此影响，租界外的城区和中国其他城市也在公共舆论的推动下开始了现代化进程。

游客与居民在目的地生活空间里共享现代文明同样不是与生俱来，而是会经历"欣赏、接纳、抱怨、平常心、包容"这个类似青年男女从恋爱、结婚到居家过日子的日常演化过程。近年来，随着内地赴香港、大陆赴台湾的游客，特别是"自由行"游客的持续增长，香港和台湾地区居民对旅游发展的态度开始从早期的绝对支持转向有保留的支持，甚至出现了一些反对的声音。实际上，"当街溺尿"也罢，"抢购奶粉"也好，吐痰、加塞儿、大声喧哗和中国式过马路等看起来是"不文明旅游"的问题，实际与游客在惯常环境中的生活方式和旅游发展的初级阶段有关。阶段性的问题需要在主客之间的相互打量中，相互理解，相互宽容。需要思考的是，当来自于经济和社会发展水平比较低的国家和地区的游客，到访文明程度较高的目的地以后，如何协调主客双方的行为规范和伦理道德，如何以最大限度的耐心和智慧加以改进，而不是相互指责。又有谁不是从传统的生活方式一步步走向现代文明的呢？罗马也不是一天建成的啊。我们在各个场所呼吁，旅游发展中主客双方应相互包容、彼此宽容与理性从容。

连续六年的全国游客满意度调查证实了居民友好程度在旅游目的地的发展中起着越来越重要的作用。旅游是人们的基本权利，而入乡随俗和文明旅游也是游客的基本义务。从旅游发展的现实来看，旅游在不断提高人们生活水平和地区发展质量的同时，也在推动文明的演化和普遍精神的形成。那些世界知名的旅游目的地往往也是多元文化共生、多元价值共存的人文空间。旅游不仅仅是空间的移动，更是对异地生活的向往，是对民族记忆和人类共同价值观的情感回归。我们去欣赏异地的风景，实际上是对那里的居民生活方式，还有关于自然与人类共同价值观的认同。正是经由与目的地居民的深入交流与融合，游客才逐渐学会了对不同地域、不同族群的生存状态和多元价值观念的关注、尊重和欣赏，进而在多元文化的融合与互动过程中提升了自己的生活品质和精神境界。

主客共同推动客源地和目的地生活方式持续演化的理论与实践古已有之，卢梭在《论人与人之间不平等的起因和基础》一书里谈道："通商贸易、旅游和军事占领已经使不同的民族日益混合；由于不断的互相交往，他们的生活方式也彼此更加接近。"在当代国际国内旅游发展实践中，游客与城乡居民共享着生活空间的例子也日渐增多：北京的南锣鼓巷、后海、798 艺术园区、上海的东方新天地、成都的宽窄巷子、悉尼的情人港、高雄的香蕉码头、香港的兰桂坊等，在这些地方我们常常无法区分游客与居民，也无法准确辨认旅游企业的边界，我们只知道游客与市民彼此之间是友好的、包容的，这就足够了。

在对旅游发达地区的调研和国际经验的比较研究时，我们发现，越是当地老百姓喜欢的往往也越是游客最希望分享的，或者说宜居的才是宜游的。那些旅游客源产出比较集中的区域往往也是经济社会发展水平相对较高的区域，往往也是主要的旅游目的地，那些传统旅游资源相对富集的中西部区域，往往也是经济社会发展水平相对较低的区域，在目的地竞争力的排序中却很是靠后。这个被称为"旅游客源地与目的地空间同构"的现象，只从交通远近的角度去解释恐怕是不够的，游客更加愿意去那些吃、住、行、游、购、娱更丰富，更有市民休闲生活依托的地方去消费。事实上，如果自己的老百姓都不喜欢，不热爱所在的城市或乡村，却想通过市场的手段，特别是表演性的宣传推广让更多的游客喜欢，天底下没有这样的道理。很多时候，当我们以文化开发的名义发展旅游时，自觉不自觉地会采取一种迎合的姿态，甚至有意无意地忽略或者遮蔽了当代人的日常生活和发展要求。民族地区发展旅游，经常会看到那些原本只是在特定节日或者社区、个人的重大事件发生才会组织的文化活动被频繁地就地组织开展，而抽象掉特定时空环境的"表演"还能够让文化持久地传承下去吗？相反，如果没有到特定的季节，游客难道就不能去分享居民的日常生活吗？谁又有权力让居民只为游客而活着呢？谁又能说老百姓的生活就不是文化，就不可能成为旅游吸引物呢？越是本土的自然呈现，越是最吸引游客的；越是迎合的、虚假的表演，越是没有生命力的。

第四章

游客满意是国家旅游发展的战略导向

在大众化旅游发展阶段，旅游目的地成为居民与游客共享的生活空间后，游客评价的就不再是狭义的旅游产业要素而是目的地整体发展环境和管理水平。当游客的评价不仅影响到目的地的经济收入，而且还涉及目的地的形象建构与传播，当旅游已进入老百姓的日常生活选项，成为人民生活水平提高的重要指标，游客满意就不再仅仅是旅游部门的事情，而成为国家和地方整体发展的战略要求。

一、游客满意是对"旅游发展为什么"的最好回答

自 1999 年国庆节第一个七天长假，也就是我们常说的"黄金周"假日制度以后，国民大众逐步取代入境游客成为旅游发展的绝对主体。从制度设计的初衷上看，"黄金周"是为了刺激消费，应当说这个目标是达到了。在我们身边的亲戚朋友中，有钱的要不去海南休闲度假，要不干脆就出国旅游去了。即使没钱的，也到城市周边转一转。在景区景点，在城乡休闲场所，我们能够真切地感受到老百姓空前高涨的旅游热情。小长假，尽管依然是无所不在的拥挤，无时不有的报怨，但是国民大众出去走一走，看一看的愿望还是空前的强烈。旅游是人类长存的生活方式，而且是已经不可逆转地进入到了老百姓生活消费和公共、商业机构的生产消费的常态化选项。与此同时，为了经济发展的转型升级，也为了人民群众过

上更美好的生活，政府也在千方百计地扩大旅游消费。正是政府和民众两个方面的相向作用，我们现在每年都会迎来一个数十亿旅游人次、数百亿旅行人次的市场，这是中国创新和发展最为坚实的市场基础，而且也是大众旅游阶段到来的显著标志。

为了更好地顺应大众旅游的发展，从 2008 年到 2013 年的五年时间里，《山东省全民旅游计划》、《广东省国民休闲计划》、《国务院国民旅游休闲纲要》等相继实施，使越来越多的民众实现了旅游愿望。国民大众的旅游梦想正在成为"中国梦"的重要组成部分，在中央电视台 2013 年"中国梦"调查中旅游成为排名前列的梦想，城市女性开支中旅游的比例达到 13.3%，仅次于服装服饰，出境旅游预算更是超过万元。根据国务院《关于促进旅游业改革发展的若干意见》（国办发〔2014〕31 号文件）的规划，到 2020 年，我国旅游将超过 60 亿人次，旅行市场的数字更是 10 倍以上。从出游率也可以看出我国旅游市场的发展潜力，2012 年，美国、日本居民出游率分别为 7 次 / 人·年和 9 次 / 人·年，而同期我国城乡居民出游率为 2.2 次 / 人·年，还有巨大的增长空间。

随着全面建设小康社会进程加快，老百姓的生活会越来越好，旅游休闲意识越来越强。为了满足人民群众日益增长的旅游与休闲需求，也是为了扩大消费，拉动内需，中央和地方政府在立法和行政推动方面做了大量的工作，加上民间资本的介入，可以说初步解决了"有没有"的问题。然而现在的问题是，初步享受了旅游权利的国民大众很快提出"好不好"的要求：公共景区能不能少收费或者不收费？购物能不能不要强迫，不要欺诈？餐饮能不能不宰客？住宿能不能多一些经济型酒店和主题酒店的选择？出租车能不能不拒载？警察能不能公平地保护对待本地居民和外来游客？自由呼吸的空气能不能少些污染？社区居民能不能少些歧视，多些理解与包容？诸如此类问题的提出，意味着国民旅游权利的内涵更加丰富了！如果我们对此视而不见，或者见了却无法有效地解决，老百姓最终会用脚投票的。过去十年，高速增长的出境旅游市场，一定程度上是国内旅游发展环境把游客给挤出去的。作为对上述问题的回应，在国务院 2009 年 12 月颁布的《关于加快旅游业发展的意见》中，明确提出"把旅游业培育成为人民群众更加满意的现代服务业"，这意味着"游客满意"首次进入了国家旅游发展的战略目标体系。

简要地回顾一下过去的三十五年的旅游发展历史，整个旅游经济的运行能够取得今天这样的成就，固然有各种各样的原因，但最重要的推动因素就是人民群众的旅游消费诉求。在 20 世纪 70 年代末期，我国发展旅游的主要目的应该说是为了创汇，所以走了一条以"入境为主、观光导向、政府主导、创汇优先"的发展模式。在相当长的历史阶段，我国在制定国家旅游业五年发展计划、年度工作计划时都是把入境旅游放在重要地位，也都是把创汇作为一个重要的指标来对待。通过三十五年的创新发展，我们超额完成了当初国家提出的创汇战略目标。1993 年我国开始建设社会主义市场经济，为了解决总需求不足，刺激消费，中央提出发展国内旅游。1999 年"黄金周"假日制度实施以后，国内旅游呈现大发展、大爆发、大增长的态势。最近十年，随着国民大众旅游需求的推动，广大企业市场主体的创业创新，国家对旅游业性质的认识也在不断深化。我们先后把旅游业定性为外交范畴、社会事业、创汇导向、第三产业龙头、国民经济新增长点、国民经济重要产业等，直至最近的国民经济的战略性支柱产业和人民群众更加满意的现代服务业，强调旅游的放心、舒心、开心，并以最高领导人的公开讲话确认旅游是人民群众生活水平提高的重要指标。上述对旅游产业属性认识的变化和深化，是国家旅游发展战略定位适应经济社会和旅游产业发展实践的生动体现。回顾过去三十五年的产业发展思路确定和调整过程，我们越来越确信，旅游业的发展归根到底是要围绕老百姓的旅游需求，围绕人类实现自由行走的权利，提供越来越完善的产品和服务。但是从现实来看，民众对旅游活动的参与，主要是靠一种量的增长来把整个市场带动起来，相对于接待人次、消费总量和就业拉动等目标的关注，以游客满意为代表的质的提升还没有成为各级政府发展旅游业的自觉行为。

二、"鞋子合不合适，只有脚知道"

明确了旅游发展的目标是为了满足人民群众的旅游新要求和品质新诉求之后，国家和地方政府就得想方设法去实现这一目标。要满足游客对服务质量的要求，首先得了解他们的需求，特别是核心诉求是什么？然后才谈得上用什么手段去满足。对发展质量的评价，判断消费者对一个行业满意不满意，有很多种评价模式，比如是否达到相应的国家标准，能不能够让评定的专家满意，能不能够让一些所谓的高端消费者满意？在团队、观光为主的入境旅游阶段，政府及其主管部门的工作重点在市场主体的准入管制，动用国家和社会资源解决旅行社、酒店、景区、交通等资源短缺问题，可以说功不可没。在传统的游客体验模式中，旅游行政主管部门和旅行社掌握"相对封闭的旅游通道"的控制能力，入境游客特别是欧美日韩等发达国家和我国港澳台地区的游客掌握了产品和服务质量的定义权，双方博弈的结果就是出台一系列的等级划分与评定标准，然后由政府组织专家团队验收和评分。在特定的历史发展阶段，这套做法是行之有效的。

到了国民消费为基础、散客为主的大众旅游阶段，除了参与到旅游过程的人数增长，人们的旅游经验越来越成熟了。加上新型市场主体和现代科技，特别是互联网的广泛应用，游客有能力对旅游经济运行，特别是对旅游服务质量做出自己的独立判断，并且多渠道发出自己的声音了。无论消费能力高还是低，游客已经普遍具有了权利意识和品质要求，游客"一边享受，一边抱怨"将是政府必须面对的新常态。随着游客维权意识的增强，他们比以往更愿意通过多元渠道，尤其是网络平台进行理性投诉和情绪表达。在入境旅游时期，我国对旅游质量的监测、评价与提升主要是通过政府制定标准以及依靠官员和专家的打分来进行的。进入大众旅游发展的初级阶段后，如何"打捞"普通游客的呼声和诉求，帮助他们实现应有的旅游权利并保证其应该享受的旅游福祉就成为当代旅游发展面临的重大问题。

现阶段的旅游权利的实现，是以游客评价为起点的，首先要了解他们哪里满意，哪里不满意，不满意的原因又是什么，对旅游权利的保障才能做到有的放矢。相对于政府监管部门和专家学者的意见，千千万万的普通游客更有发言权。在老百姓旅游、老百姓消费的这个时代，旅游服务质量提升工作的重点是要关注老百姓怎么想、人民群众怎么评价我们，而不是由政府官员和少数专家代表他们去想、去评价。这是最本质的理念问题，是与之前的星级饭店评定、景区等级评定和优秀旅游城市评定最本质的区别。这是因为优秀旅游城市评定是典型的官方视角，现阶段官方的视角肯定是关注宏大的场面。饭店星级评定是典型的专家视角，专家的视角是精英主导的，关注的是高端人群的感受。无论官方视角，还是专家视角，都与老百姓是有差异的，结果就是"隔了"、"拧巴了"，就是网络上调侃的段子，"一群从来不自己付费旅游的专家在办公室里研究旅游的价格"。现在需要回到消费主体那里，回到旅

游者那里。普通老百姓关注的是生活的层面，"鞋子合不合适，只有脚知道"，得让真正的消费者说话，我们倾听。

随着大众旅游从初级阶段向中高级阶段演化，游客的主体地位也日益确立，不仅旅游业的综合性更加明显，游客满意度开始成为衡量旅游业发展质量的关键指标，也是旅游目的地竞争力和可持续发展的根本保障。旅游研究要把满足人民群众日益增长的旅游需求作为价值取向，把游客满意度作为衡量和检验政府服务的总体指标，致力于建立以游客评价体系为基础的旅游业发展质量的评价机制，以此引导目的地平等地对待本地居民和外来游客，督促城市和乡村、政府和企业以及社会各界不断提高包括自然环境、人文环境和商业接待体系的整体发展水平。

■ 三、游客满意应当，也可以成为国家战略

改革开放以来，我国旅游业发展质量提升工作主要有以下几方面：一是目的地的"创佳"、"创优"。在旅游目的地体系建设方面，与联合国世界旅游组织合作，开展了中国最佳旅游城市建设试点，引导全国 370 多个城市创建中国优秀旅游城市，引导国家整体形象和国际旅游竞争力的提升。二是标准化建设。在旅游服务质量提升方面，国家旅游局早在 1988 年就率先推出星级饭店标准，首开服务领域实施标准化管理的先河。近年来又制定和实施了星级饭店、A 级景区等国家标准。三是开展目的地评价体系，主要是开展游客满意度调查。为落实国务院《关于加快旅游业发展的意见》（国办发〔2009〕41 号）文件，以全国 60 个重点旅游城市为依托，建立了全国游客满意度调查制度。四是依法治旅。深入贯彻落实《质量发展纲要》，下发实施《旅游质量发展纲要（2012—2020 年）》，全力推动旅游立法执法、标准化建设、人才队伍建设等工作，建立长效监管机制。

从更大的视野看，在我国旅游业三十多年的发展进程中，国家战略指导思想和发展理论先后经历了赚取外汇、扩大消费和产业现代化等演化阶段[①]，近年来，随着

---

① 戴斌，夏少颜.论我国大众旅游发展阶段的运行特征与政策取向 [J].旅游学刊，2009，24（12）：13–17.

国民消费为主体的大众旅游时代的来临，满足人民群众日益增长且日渐变化的旅游休闲需求，提高包括游客在内的国民福祉逐渐成为国家旅游发展战略体系的核心目标。2008年以来，我国面临着在新形势下如何全面贯彻落实科学发展观，转变发展方式和推动快速发展的新任务。群众满意不满意、高兴不高兴、答应不答应成为衡量政府工作好坏的首要标准，群众路线的工作方法也在新时期得到加强和创新。2009年以来，我国旅游贸易逆差持续扩大，游客的满意程度已经成为发展国内和出境旅游合法性的现实支撑，也是振兴入境旅游市场的基础工程[①]。近年来中央更加重视民生领域的发展，将国计与民生放到同等重要的位置。在此过程中，旅游业的经济社会功能以及在提高人民群众生活质量方面的重要作用不断得到强化。我国在旅游、休闲和度假领域加快落实以人为本、提高人民生活质量、全面建成小康社会的执政理念。十八届三中全会以来，中国旅游开始进入全面深化改革、推动创新发展、打造旅游经济升级版的新阶段。旅游业能否可持续发展，越来越取决于人民群众对旅游业是否满意，尤其是广大游客在对旅游业基本满意的基础上能否更加满意。国家近期的旅游法律、政策和行政导向也是明确指向游客满意度提升这一战略目标[②]。

从国际经验上看，目前比较认可的旅游竞争力评价方法是世界经济论坛（WEF）公布的旅游及旅行竞争力指标（TTCI）体系。这些体系均以入境游客的视角评价各国国际旅游竞争力，涉及一个国家或地区的方方面面（表1、表2），这与游客满意度调查以游客视角评价城市总体的商业接待体系和公共服务能力，在原理上是一致的。

表1　中国国家竞争力排名和国际旅游竞争力排名

年份	2007	2008	2009	2011	2013
国家竞争力排名	34	30	27	26	29
国际旅游竞争力排名	71	63	47	39	45

资料来源：世界经济论坛。

---

① 戴斌，李仲广，战冬梅.论旅游权利应是旅游立法的宗旨和目标[J].旅游学刊，2011，26（3）：12-15。

② 戴斌，李仲广，何琼峰，夏少颜.游客满意：国家战略视角下的理论建构与实践进路[J].旅游学刊，2014，29（7）：15-22。

表 2　2008—2013 年中国旅游竞争力排名变化情况

	具体指标	2008 年	2013 年
政策制度	财产权	76	46
	政府制定政策透明度	88	49
环境可持续性	环境监管力度	87	63
	旅行及旅游业可持续发展	80	58
安全	受恐怖主义威胁的商业成本	109	98
	受犯罪威胁的商业成本	73	68
地面交通基础设施	国内交通网络建设	71	49
旅游基础设施	租车公司	117	97
人力资源	基础教育率	49	43

资料来源：世界经济论坛。

通过对世界经济论坛（WEF）和世界旅游及旅行理事会（WTTC）所发表的研究报告对比分析，可以发现：游客对一个国家的总体评价与其综合国力密切相关。中国旅游研究院的出境游客满意度调查结果也证明这一点。调查发现，人均 GDP 处于 2 万美元的这些国家，到访的中国游客满意度指数得分平均都处于 78 分以上的水平，包括加拿大、新西兰、新加坡、法国、英国、澳大利亚、美国、西班牙、意大利、日本、德国、韩国，上述国家的目的地发展水平、城市建设、城市管理、公共服务、行业服务等方面的满意程度均较高。人均 GDP 较低国家的游客满意度指数水平也不高，包括阿根廷、南非、马来西亚、俄罗斯、菲律宾、巴西、印尼、柬埔寨、越南、印度、蒙古。有意思的是，国内游客对 60 个样本城市的评论也反映了这个规律，那些满意度排名靠前的城市，如苏州、无锡、成都、杭州、青岛、厦门、上海、北京等也是经济社会发展水平比较靠前、商业和公共服务的现代化程度比较高的城市，桂林、丽江、张家界、延安等通常认为旅游资源丰富的城市，由于综合实力支撑不足而排名常常处于中等偏下的水平。

满意度测评也是民生工作绩效量化的手段。满意度调查发布是社情民意调查的重点内容，也是经济领域民主化进程的重要体现和促进政府职能转变的重要手段。欧美国家和其他较发达国家均普遍开展了国家顾客满意度调查和评价，其中最具有代表性的如瑞典顾客满意度指数模型、美国顾客满意度指数模型以及欧洲顾客满意度指数模型。1989 年，瑞典成为世界上第一个在全国范围内进行顾客满意度调查的国家，美国密歇根大学国家质量研究中心的科罗斯·费耐尔（Claes Fornell）教授及其团队为瑞典构建了具有因果关系的顾客满意度指数模型，并利用该模型对 32 个行业的 100 多个公司的顾客满意度指数进行了调查和分析。1994 年，费耐尔教授及其团队在瑞典顾客满意度指数模型的基础上，构建了美国顾客满意度指数模型，利用该模型调查、分析了美国 40 个行业中的 200 多家公司的产品和服务。美国顾客满意度指数模型最大的优势是可以进行跨行业的比较，同时能进行纵向跨时间段的比较，已经成为美国经济的"晴雨表"。美国顾客满意度指数模型由国家整体满意度指数、部门满意度指数、行业满意度指数和企业满意度指数 4 个层次构成，是目前体系较完整、应用效果较好的一个国家顾客满意度理论模型；1999 年，欧洲顾客满意度指数研究小组在借鉴瑞典和美国经验的基础上构建了欧洲顾客满意度指数模型。

在发达国家顾客满意度指数模型研究的影响下，我国从 20 世纪 90 年代中后期开始对国家层面的顾客满意度进行研究。1998 年，清华大学经济管理学院接受国家质量监督局的委托，开始组织开展"中国顾客满意度评价工作"的研究。根据 2006 年政协十届全国委员会第四次会议提案要求，为适应人们民主法治意识不断增强的形势，国家统计局成立社情民意调查中心，与中国质量协会用户调查中心共同构成当前群众满意度调查的两大系统。近年来，越来越多的行业相继发布各种类型的顾客满意度指数报告，譬如零售、汽车、快递、家装、金融、电信等等。

2013 年 6 月，国务院办公厅印发《质量工作考核办法》（国办发〔2013〕47 号），纳入省级政府绩效考核，其中将游客评价作为监测服务业质量情况的重要内容，以此来检查规定的各项工作是否落实，例如对旅游等服务行业提出质量诚信建设总体要求和推进规划；制定服务企业质量诚信标准，并组织实施；建立政府牵头，部门分工负责的旅游质量综合监管、联合执法检查机制和旅游违法行为查处信息的共享机制。上述考核结果向党政部门通报，此举的目的是推动省级政府重视旅游业发展。质检总局于 2013 年 11 月开始重点城市围绕公共教育、医疗卫生、公共交通、公用事业（供水、供电、燃气）、市容环境、文化体育、健康、养老、通信、金融、社区服务等与百姓生活密切相关的公共服务领域组织质量满意度测评，起草城市公共服务满意度测评试点方案和城市公共服务质量满意度测评试点工作的通知，在全国部署公共服务满意度测评工作，将游客作为重要的调查群体。

国际国内、旅游和相关行业的实践经验充分证明，经过多年的实践探索和学术积淀，游客满意正在从学术研究范畴进入国家旅游治理的主流领域。建立并完善科学评价体系是提升游客满意程度和全面提升旅游业发展质量，实现新时期国家旅游发展战略的基础工程。

四、当代旅游发展理论的再审视

从旅游研究领域来看，尽管存在以景区和目的地为核心，或以旅行社、旅游饭店等旅游商业接待体系为核心的学术倾向，但国内外学术界一般都会把游客作为旅游学的主要研究对象。当前，旅游者与旅游目的地的关系已成为旅游目的地研究的重点领域[①]。反映了"以游客为中心"的旅游目的地管理新理念和新趋势[②]。从满意度研究领域来看，在过去的三十年里，消费者满意度逐渐成为服务业发展质量的主要衡量指标[③]，这一领域成果也是游客满意研究的时代背景和理论来源之一。对近年来国内外相关文献的研究发现，游客满意度的内涵、测评模型和影响机制等方面已经有了丰富的学术成果，围绕游客满意的测度、旅游目的地服务质量提升也开展了若干系统而扎实的调查研究。可以说，游客满意已经成为包括中国在内的世界旅游研究和管理实践的主要领域。然而，由于缺乏国家战略层面的宏观视野和当代旅游发展理论创新的学术自觉，现有成果更多是作为目的地管理体系或者游客行为理论的组成要素，过于偏向微观层面的应用和技术问题，部分相关研究成果还存在简单复制、脱离实践以及寻找经验材料来证实理论预设的倾向。游客满意研究仅仅作为旅游服务或目的地服务质量监测指标而存在，无法有效回应旅游实践提出的国家宏观战略任务实现、发展理论建构和旅游目的地发展质量提升等重大现实课题，从微观监管到宏观战略层面分层构建游客满意度理论体系，着眼于"旅游—旅游者—游客满意"的理论演进任务还远远没有完成。因此，把游客满意提升为国家旅游发展的指导思想和战略选项，使之成为当代旅游发展理论创新最关键的

① 钟行明，喻学才. 国外旅游目的地研究综述 [J]. 旅游科学，2005，19（3）：1-9。

② 符全胜. 旅游目的地游客满意理论研究综述 [J]. 地理与地理信息学，2005，21（5）：90-94。

③ Grönroos C. A service quality model and its marketing implications[J]. *European Journal of Marketing*，1984，18（4）：36-44。

理论基石，为国际旅游发展注入新的理念和视角，既是指导国家旅游发展战略，开展国际旅游对话的现实要求，也是游客满意研究理论创新和旅游基础理论自我完善的内在动力。随着历史进程的展开，游客满意逐渐在理论研究和发展实践两个方面确立了其主体地位。

1. 游客视角是解释当代旅游现象的现实基础

研究对象或者说研究边界的确定是科学研究和学科建设的前提。从1841年托马斯·库克的禁酒之旅算起，近现代旅游发展还不到二百年。在大部分时间里，团队、包价、观光一直都是主流的旅游行为模式，谁是居民，谁是游客很容易区分，旅游科学研究集中在面向游客的要素、资源和产品，研究视角是资源或者要素导向的。进入大众旅游发展阶段以后，特别是移动通信和互联网为代表的信息技术，以及快速交通网络的形成与完善，旅游成为老百姓常态化的生活方式，自助、自主和自组织旅游成为主流的消费模式。旅游目的地尤其是城市，越来越成为游客与市民共享的生活空间，或者说游客进入了市民常态化的生活空间，在很多公共场所，游客与市民的身份识别变得日益困难。"食、住、行、游、购、娱"六要素也好，"客源地—交通中介（中转与集散）—目的地"三分法也罢，传统的旅游分析和学术研究框架已经很难解释当代纷繁复杂的旅游现象。现在是回归"旅游是人类长存的生活方式"这一学术研究起点的时候了。当旅游成为人们的日常生活方式，也就意味着只要游客触及的生活空间、公共服务和商业要素，都会成为旅游活动的现实要素或者消费对象，进而也是旅游研究的对象，这意味着当代旅游研究的边界被无限放大了。没有边界的行业和科学是很难把握的，旅游研究必须舍弃传统的资源视角，采用与时俱进的游客视角这一独特方法来重新审视包括城市和乡村在内的旅游世界，才能在解释世界的学术分工格局中获得一席之地。农民把草莓从地里采摘回来是农业生产，工厂把草莓加工成草莓酱是制造业，运到超市是物流业或者生产性服务业，市民从超市买走是零售业，而游客不管在此过程中的哪一个环节参与和购买都是旅游活动或者旅游消费。还有城市常见的出租车、地铁、公园、博物馆、电影院、酒吧、书店、美容院等市民生活空间，又有哪一项是游客不可以分享的呢？采用游客视角而非传统的要素视角来建构当代旅游发展理论，不仅对于行业新发展是必要的，也符合理论建构本身"简单而有效"的内在要求。

2. 游客满意是目的地发展质量的客观体现，游客满意度调查是科学发现和理论创新的现实路径

游客满意理论遵循经典学术范式，强调调查统计和数理建模，突破量化研究存在的局限，通过分析鲜活的旅游现象，提出新的理论发现。将游客满意度作为目的地发展质量的衡量依据，不仅可以实实在在地提升目的地或城市的发展质量，而且引进游客视角更可以为目的地日常管理和形象提升提供更加全面的信息。游客满意度调查蕴含有待学术界去发掘的丰富科学研究内容和理论命题。从方法论和技术路线来看，除了使用大量的调查统计工具外，游客满意度调查本身就是观察世界、理论研究的新方法，这是任何其他调查方法都不可比拟的。

与传统的旅游基础理论相比，大众旅游时代背景下，游客满意理论不仅能全面、客观研究传统旅游行业服务，还能够研究所有部门和所有地区，从而在"客源地—交通中介（中转与集散）—目的地"之间建立起内在联系，进而修正和完善旅游资源、吸引物、目的地、接待管理、旅游公共服务、目的地生命周期等经典理论，在理论上建立起游客需求和市场供给的综合分析框架，在实践中建立起微观监管、分类指导和宏观调控的统一政策框架（图2）。基于人的空间移动的视角和"主人—客人"互动的框架，让我们多了一种认识世界、解释世界和改造世界的可能性。在客源地系统构建的过程中，游客满意度调查把旅游还原成为柴米油盐、走亲串友、逛街购物、酒吧茶馆、看书、陪家人等日常生活的组成部分。

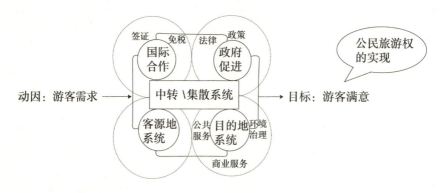

图 2　游客与旅游业系统

上图的逻辑展开过程可以表述为：由游客需求启动，经过客源地系统对游客需求信息的收集和分析，最终形成客源市场，然后通过交通、中转或集散系统将游客输送

至目的地系统，目的地系统则通过自己的商业服务体系、公共服务体系、政府管理体系以及宏观环境治理，达到游客满意。在系统之外，是来自国家层面的政府促进、宏观调控、行业监管以及国际合作。在游客主体变化和需求变化的影响下，游客满意先是对局部系统的个别的驱动，但是随着时间的推移，更多的系统被纳入进来。游客需求、客源市场、政府促进、目的地服务、中转系统和国际合作等内容不断相互作用并向高级演化，使整个系统向游客更加满意的方向滚动和迈进。在这一逻辑框架下，学术研究和理论建构将围绕国家旅游政策、旅游目的地产业配置、旅游客源地变化、中转集散系统发展以及国际合作的扩大等几个方面，从游客满意视角重构当代旅游新秩序，同时也作为当代旅游发展理论的基石。

3. 游客满意是目的地发展质量的综合体现，围绕游客满意建构当代旅游发展理论是大众旅游的时代需求

中国旅游理论研究和市场化意义上的旅游产业发展基本上是同时起步的，从早期的引介、消化到中期的旅游规划、政策制定、行业管理和市场开发等领域的课题研究，再到大众旅游阶段的当代旅游发展理论的系统探索，初步形成了有中国特色的旅游学科体系和理论框架，并对旅游经济实践起到了重要的推动作用。在大众旅游时代，对游客满意的重视，意味着旅游发展的战略取向开始从国家需要——不管是创汇的需要，还是经济增长的需要——转向民生需求。游客的核心诉求就是政府的责任，对"旅游发展为什么"这个终极目标的追问就有了方向。通过游客满意度的连续而系统性的调查监测和理论分析，在丰富旅游研究的原始数据与信息的同时，我们也发现了一些传统的资源与要素研究视角的局限，比如城乡居民的生活方式、公共服务体系、商业服务体系都是游客满意的重要影响因素。进一步地，当代旅游发展理论另外两个关键问题也有了较为清晰的答案：发展旅游经济，特别是城市旅游绝不能仅仅依靠传统的旅游资源和单一的封闭的旅游系统，而是要科学统筹包括狭义旅游要素在内的城乡经济社会发展各方面力量，发挥市场和政府两个作用，告诉游客一个真实可信的旅游目的地，同步推进商业服务体系和公共服务体系建设。在目的地的建设过程中，千千万万普通游客的评价，而不仅仅是官员和学者的评价，可以让目的地政府发展旅游的热情和投入不至于离开理性太远。从这个意义上来说，游客满意既是当代旅游发展理论的核心理念，也是概念展开的逻辑支撑。

第五章

游客满意度调查的平民视角、科学方法与媒体推动

2008 年 6 月，国家旅游局委托中国旅游研究院正式启动了全国游客满意度调查和评价项目。在借鉴国内外顾客满意度指数模型的基础上，结合国情和大众旅游发展的时代特征，项目组经过 8 个多月的案头工作、专题研讨和模拟试验，于 2009 年 4 月正式对外发布了第一份全国游客满意度调查成果。到本书成稿为止，该调查已经持续开展了 6 年 24 个季度。

一、始终坚持平民视角

大众旅游发展阶段的这问题、那问题，归根结底可以表述为：相当比例的国民大众还没有能力实现与生俱来的旅游权利，特别是普通游客的现实权益还没有得到公平有效的保障。从 2014 年的统计数据来看，国内旅游达到创纪录的 36.5 亿人次，3.1 万亿元消费的市场规模。但是，广大农村居民和城镇低收入人群还没有参与到这一进程中来，人均每次旅游消费也只有 852 元，考虑到收入差距和城乡差别，多数游客的消费还要低于这个数据。这就意味着并不是每个游客都能够坐得起高铁和飞机，普通百姓还是要挤公交、挤地铁，好一点儿的能打个出租车，住经济型酒店，很多人还要住几十块钱一晚的地下旅馆。科学研究，特别是涉及思想建构的理论研究都是有立场的。就是要明确站在谁的立场上，为谁代言。如家、七天、布丁、穷游这样的业态以及 1 元门票、尾单、返现、双 11、团购、比价搜索、零负团费甚至逃票

攻略如何能够拥有这么大的市场影响力？游客对景区门票涨价和节假日高速公路免费通行的政策为什么如此在意？相对于城市管理者精心建构起来的旅游形象，游客更在意一些短期异地生活的基本元素。在全国游客满意度调查中引入平民视角和平等理念就是推进"把旅游业培育成为人民群众更加满意的现代服务业"的国家战略，就是党和政府在新的历史时期以人为本的执政理念在旅游领域中的具体表现。只有千千万万的游客满意了，而不只是少数专家或官员满意了，一个城市或一个区域旅游经济的平稳运行，才会有广泛的民意基础，城市形象提升和目的地建设才有最可靠的保障。

平民视角要求目的地平等地对待居民和游客的生活休闲诉求，把外来游客的需求放到与本地居民同等的位置。很多时候，旅游目的地甚至是缺乏老百姓真正需要的服务，或者说那些触手可及的温暖，譬如交通标示、夜班公交、公共厕所、旅游投诉、公共场所休息座椅等。普通游客是否能够与本地居民平等地使用公共服务设施和享受商业服务，目的地城市能否以宽容和平等的心态对待外来游客？现在看来，我们在消除歧视，促进旅游权利平等方面还有很多工作要做。一位外国客人曾说过："在中国，做一个 VIP 真好，在中国，做一个普通老百姓真难、真难。"听到这样的评价，每一位有责任的政府官员和公共学者都会坐立不安的。由于惯常生活带来的集体无意识，使本地居民和政府往往陷于"不识庐山真面目，只缘身在此山中"的境地。对无所不在的歧视和不公平现象视而不见了，有时候还会觉得游客的评价过于苛刻了。殊不知，正是外来游客，尤其是那些坐公交、地铁，住经济型酒店的普通游客，才是城市商业环境的公共服务的日常"体检者"，也是城市经济社会发展和文明进步的直接推动者。没有普通游客的寻常打量，目的地惯常生活环境很有可能会陷入黏着状态。

平民视角要求研究团队和目的地管理者最大限度地倾听不同群体游客的声音。游客是总体，也是群体和个体。从组织方式上看有团队游客和散客；从消费动机上看有观光、休闲、度假、商务等游客群体；从消费预算上看，有高端游客，也有中低端游客。对于城市这样空间尺度的目的地而言，这些游客群体是共生的，不可能只要高端的、商务的和休闲度假的游客，而不要低端的、观光的、走亲访友的游客。对于国家层面而言，就更不可能有这样的妄念了。既然不可能只要特定的群体，就必须以更加包容的心态去倾听最大多数游客的真实心声，最大限度地满足他们的现

实需要，否则就会形成精英评价和大众感知之间巨大的反差，从而误导旅游发展的战略决策。记得 2010 年第一季度游客满意度调查结果公布出来以后，中部某特大型城市的领导者对所在城市排名大惑不解：我们有这么好的机场，有这么有名的历史文化遗产，有这么高端的酒店，游客评价怎么可能如此之低呢？课题组的回答是，如此资源，如此服务，当然是一流的，问题是只有少数人享用。只要走出这个省政府接待基地的大门，去大街感受几次出租车拒载，去那条全国闻名的美食街看一看遍地的垃圾，您就能听到游客对城市最真实的评价。事实上，多数时候，城市领导者是听不到大多数来自底层的声音的，这就需要有专业的机构去"打捞"、收集和整理普通游客的意见。

平民视角要求把更多的非传统旅游资源，包括城乡目的地经济社会发展的更多要素纳入游客满意度的评价范围。在国民大众为消费主体的休闲化、散客化发展阶段，游客广泛地介入目的地的公共空间，无所不在，无时不在，用客人的眼光打量并评价他们所看到、听到和感受到的一切人和事。他们可不管什么是旅游局的职责范围，看到"最美交警"就会点个赞，碰上雾霾的天气，堵车的路段，则会吐槽，还配上图，叫作"有图有真相"；吃上顿美食，会在朋友圈里秀一秀；看到大妈跳广场舞，看到每个雨伞边蹲着老人交换子女信息的相亲角，他们也会发一番感慨。既然旅游已经走出了封闭的世界，那么目的地就不得不接受全面的审视，再想"一俊遮百丑"就不可能。无论收集的问题还是最终的评价，都需要我们以更加开放的心态建构游客视角下的目的地全面评价体系。

平民视角要求调查者不带任何假设和预设去收集、整理和发布游客的评价意见。在一般的满意度研究和市场监管工作中，调查者常常会根据研究基础和工作经验，相对主观地设计一套指标体系或调查问卷，无形中将游客引导到预先设计范围进行被动地表达。这样的调查体系既难以了解游客的真实意见，又会遗漏许多真实世界的问题。平民视角的游客满意度调查要达到全面收集游客的意见的目的，就要考虑在现场面对面调查中充分保证游客的自由表达，也要考虑在网络世界里游客的自由表达，还要在旅游投诉中收集游客的不得已表达。在设计满意度调查方案的时候，现场取样就是来自于普通游客，网络评价也是来自于大量的草根阶层的博客、微博、点评与投诉，并实时连续地采集样本数据。在具体的调查执行过程中，必须确保所有的数据都采自于游客的真实感受。

我们还应充分认识到游客满意度调查具有的如下本质属性：游客满意度调查作为大众或当代旅游发展理论的基本研究方法，是平民视角的评价，是第三方调查方法，是城市发展质量的综合评价方法，如同居民满意度调查一样，它是对整个城市方方面面的评价。旅游行政主管部门在其中承担的职能，类似统计部门在统计调查中承担的职能。许多地方旅游行政主管部门常常把游客满意度调查仅限于本部门的事务，把游客满意度仅限于本部门的工作手段，既是对游客诉求的不负责任，也是对城市党委政府、对城市综合发展质量提升的不负责任。正确的做法是，客观真实地把游客对目的地评价的意见及时收集、整理，经过专业分析后，形成专题研究报告提交给政府决策使用。

在党和国家更加重视民生和民意，更加重视基层诉求的今天，真实反映游客的意见，真心倾听草根阶层的声音，促进有中国特色的政治、经济、民主理念在旅游领域的探索，是大众旅游发展新阶段党和政府在旅游领域执政水平的直接体现。

二、专业自信从何而来

游客满意相关原理既奠定了当代旅游发展理论的基础，又构成了新时期推动城乡目的地综合发展和质量提升的科学依据。与游客满意理论相适应的科学的调查方法，在经过长期的实践和完善后，形成了一套"令人放心的"权威、科学、公正的游客满意度调查体系。平民视角是从评价主体性来讲的，与研究主体的科学性和权威性是不矛盾的。采样的数据可以是平民的，但是数据的汇总、指标体系的确立、最终指数的合成都要经过科学的研究和系统的论证。持续强化游客满意度调查的科学性、专业性支撑已成为践行国家战略的科学基础。

1. 构建评价模型

游客满意度调查的评价模型应遵循其评价主体、评价客体和评级方法在历史进程中的自然演化结果。评价主体由早期的精英评价或官方评价过渡到游客的自主评价，以大众游客需求及其表达方式为出发点。在传统的主流顾客满意度评价模式基础之上，增加网络评论内容为基础的扎根理论研究，同时考虑投诉与质监机制对中国旅游服务质量的重要性，充分评价游客的主动表达、被动表达和不得已表达等三个方面内容[①]，将游客一系列主观评价转化为可量化的综合性客观指标。具体测评内容包括现场问卷调查、网络评论调查以及旅游投诉与质监调查等三方面的内容。问卷调查通过现场拦访的方式进行。网络调查主要通过采集游客的网上评论和相关信息，特别关注贴吧、评论、博客、微博等年轻人喜欢发声的网络平台。投诉调查主要来自于政府监管部门和第三方的反馈，包括游客向国家和地方旅游质监所的投诉、消费者协会受理的投诉、权威媒体平台的投诉及其处理结果。在此基础上分别形成三大类指数，即现场调查指数、网络调查指数、投诉调查指数。每类指数又分国内、入境、出境三大旅游市场的团队和散客，涉及休闲、观光、度假等不同旅游动机的游客，每个分项分别又对核心要素进行专题评价。

评价客体由早期狭义的旅游目的地接待系统过渡到游客视角下目的地整体的生活环境。根据收集的游客评论，可以发现游客评论目的地广泛涉及各行业和各部门，例如综合部门的治安、市政、规划、卫生、环保、文化、道路、建设、国土等，行业服务的交通、园林、绿化、水务、文物、商务、餐饮、住宿、旅行社、景区、娱乐等，各级地方政府的市、区、县，重点旅游单位的旅游集散地节点和目的地等。评价内容广泛涉及酒店、旅行社、景区等典型旅游业态以及商场、餐饮、博物馆、影剧院等休闲商业，还有航空、铁路、公路运输、城市公共交通系统以及整个城市的环境管理、公共卫生、应急救援等公共服务系统。如此众多的涉旅因素和游客关注点需要专业人员设计相对复杂的模型。在连续多年实践的基础上，全国游客满意度调查逐步形成了相对稳定的指标体系，主要包括目的地的总体评价、城市建设、城市管理、公共行业服务和旅游行业服务等。其中总体评价涉及要素包括现代化程度、美丽程度、知名度、开放度、信息化程度（智慧城市）；城市建设涉及要素包括城市规划、便利感（城市便利设施如休息座椅、饮水设施、卫生设施等）、无障碍设施、旧城和历史建筑保护、空气质量、自然生态、园林绿化；城市管理涉及要素包括安全感（安全及急救信息）、应急救援系统（卫生系统、天气预报）、市容市貌、施工管理、市民形象和行为、文化氛围、民俗特色；公共行业服务涉及要素包括供水和水质、供电、手机信号覆盖、互联网覆

[①] 2015 年开展的全国旅游市场秩序综合水平指数调查体系，采用了游客视角的"结果导向型"评价原则，调查内容也体现了游客的不同表达方式。

盖、网络预订、农业现代化（如耕地保护、乡村旅游）、工业旅游、银行服务；交通服务涉及要素包括城市公交、出租车、长途客运、自驾车、步行道和自行车道、机场、火车站、交通标识；旅游服务涉及要素包括餐饮、住宿、购物、文化娱乐、旅游区（景区、广场、公园、特色街）、旅行社、导游、产品和服务质量、发票具备及正规度、旅游公共服务（例如旅游信息、市场秩序、集散中心服务、旅游咨询和投诉服务）、标准化等。

评价方法由早期的个案评价到大数据评价，从纯粹定量评价到混合模型评价，从单一评价到现场、网络和投诉等复合指数评价，从线性结构到综合模块、权重集成、数学模型和指数合成的多元结构评价。为了切实增强科学性保障，我们采用了国家标准、扎根理论、最大最小法、科学程序等方法与工具，参照美国行业满意度 ASCI 指数和 3 项中国国家与行业标准：商业服务业满意度指数测评规范（SB/T10409-2007）、顾客满意测评通则（GB/T19039-2009）、顾客满意测评模型和方法指南（GB/T19038-2009），根据旅游行业实际情况进行设计，指标体系涵盖现场问卷、网络评论和投诉抱怨等数据，计算模型以"满意度＝期望÷实际感受"的计算方法作为基础。网络评论调查的满意度指数主要依据扎根理论，以归纳法为基础、从游客网络评论中抽象出涉及城市旅游软环境评价的核心概念范畴，可对以演绎法为基础的主流结构方程模型进行有效补充和充分验证。

2. 完善调查工作体系

目的地样本的确定，可依据《国内游客抽样调查资料》的样本城市和全国假日重点监测的城市以及全国优秀旅游城市等。全国游客满意度调查课题组从中选取了60 个有代表性的重点旅游城市作为监测样本，从空间分布上看有东北（沈阳、长春、哈尔滨、大连、吉林市、延边）、华北（北京、天津、石家庄、承德、秦皇岛、呼和浩特）、华东（上海、南京、杭州、合肥、济南、福州、青岛、黄山、无锡、苏州、宁波、厦门、温州、烟台）、华南（广州、南宁、海口、深圳、珠海、桂林、三亚、汕头、北海）、中部（郑州、武汉、长沙、南昌、张家界、洛阳、湘潭、九江、赣州）、西南（成都、重庆、昆明、贵阳、遵义、广安、丽江）、西北（西安、太原、银川、兰州、西宁、乌鲁木齐、拉萨、延安、大同）等 7 大城市群。

调查时间上，课题组结合黄金周假期、小长假、大型活动等旅游热点时间，定

期对 60 个样本城市的游客满意度进行调查、统计和监测，元旦、春节、清明、五一、端午、中秋、国庆等主要旅游节假日时间和周末时间在目的地主要景区和机场进行问卷调查。持续开展的月度性的调查，为课题组积累了大量的游客数据，2009 年至 2013 年共收集 15 万余份游客现场有效问卷、430 万余条游客网络评论和 2 万余条游客投诉。尽管我们知道，一锅饺子熟没熟，在观察的时候随便捞一个尝尝就可知道，但课题组还是尽可能地扩大样本量，以掌握更多数量、更多类型的信息。2014 年收集数据量增加到有效现场问卷 5.76 万份（数据超过 550 万条），网络评论超过 1000 万条，非官方投诉 8500 条。这些大样本调查数据库为指导实践打下了坚实的科学基础。

科学的调查体系还包括调查队伍的建设。一个完整的调查队伍体系，是由问卷调查队伍、评论调查队伍、投诉调查队伍、技术队伍（数据处理：结构方程和质性分析；质量控制等）、专业队伍（报告写作与数据挖掘）、发布队伍和后期服务队伍等构成，涉及数十道相互独立的工作步骤，以保证调查任务按计划完成并达到质量要求。

3. 接受同行和社会检验

理论来源于实践，最终还是要回到实践中去接受有效检验，尤其是要接受国内外学术界的检验和专业批评。在过去的六年时间里，我们一边抓项目在工作层面的推进，一边抓应用性研究成果的理论抽象和学术成果建设。不断提炼和及时总结新的科学发现，逐渐形成完整的理论体系，通过在权威期刊发表论文、出版专著和文集，加强与学术界的交流与互动。

在广泛接受学术界的建议和批评的同时，课题组还积极通过申报课题、奖项的方式接受更加严格的审视。2010 年，课题组以全国游客满意度调查项目为核心成功申报并获批了我国首个旅游类国家社科基金重大招标课题——《全面提升旅游业发展质量研究》；2011 年，联合国世界旅游组织（UNWTO）宣布尤利西斯奖获奖名单，中国旅游研究院全国游客满意度调查项目获得该奖项的政府创新奖，这是国内首个获得世界旅游组织奖励的研究，该奖项主要表彰课题组在旅游监管工作和旅游业发展提升方面的创新尝试。六年来，我们以游客满意度为核心出版了多部专著，发表了近百篇的学术论文，表 3 中列出较为重要的部分成果。

表 3　全国游客满意度调查和评价项目课题组重要成果列表

序号	名称	出版单位	时间	类别
1	红色旅游发展的延安道路	中国旅游出版社	2013	著作
2	旅游与城市的融合发展：以成都为例	中国旅游出版社	2013	著作
3	旅游业发展的浙江模式	中国旅游出版社	2011	著作
4	国民旅游休闲讲稿（一）：城市，可以共享的文明、可以触摸的温暖	旅游教育出版社	2014	著作
5	旅游地服务质量：时空特征、影响因素及提升对策	旅游教育出版社	2014	著作
6	游客满意：国家战略视角下的理论建构与实践进路	旅游学刊	2014	论文
7	游客满意度测评体系的构建及实证研究	旅游学刊	2012	论文
8	中国国内游客满意度的内在机理和时空特征	旅游学刊	2011	论文
9	IPA 分析法的修正及其在游客满意度研究的应用	旅游学刊	2013	论文
10	沿海城市游客满意度的内在机制及提升战略	旅游科学	2012	论文
11	基于入境游客感知的中国旅游服务质量演进特征和影响机制	人文地理	2014	论文
12	基于扎根理论的文化遗产景区游客满意度影响因素研究	经济地理	2014	论文

　　为了接受更大范围的理论检验和社会评价，我们通过季度发布会、旅游科学年会、城市旅游战略研讨会和中国旅游发展论坛以及其他相关会议，主动邀请包括香港理工大学、南开大学、中山大学、浙江大学、四川大学等在内的专家学者围绕游客满意进行深入研讨，香港理工大学宋海岩教授曾受邀在 2010 年的中国旅游科学年会就游客满意理论与调查实践发表演讲。我们也多次受邀到复旦大学、厦门大学、南开大学、东北财经大学、河南大学等高校举行了关于游客满意和当代旅游发展理论的演讲，广泛接受来自学术界的批评和建议。任何理论和模型都是可以修正的甚至是可以彻底推翻的，我们坚持听取各级地方政府、产业界、学术界和社会民众及相关国际组织的反馈，不断加强和持续完善调查问卷、网络评论、旅游投诉的调查成果挖掘和应用，调研重庆市、江苏省等将"游客满意度"纳入政府考核体系的经验，持续深化对城市游客满意度试点调查的认识，破解当代旅游发展中的难题，而且及时推广交流成功经验，并计划适时展开对行业、企业的满意度评价工作。

针对当前我国政府部门开展满意度调查的情况，我们还建议旅游行政主管部门与工业和信息化部、民航总局、中国汽车工业协会等开展满意度调查和发布工作的国内外地方政府、行业协会和第三方机构加强沟通，与"电信服务质量用户满意度"、"航空公司用户满意度"、"汽车用户满意度"等工作组互相交流、深入探讨，不断巩固全国游客满意度调查在国际范围的先行优势。

4. 逐期微调和持续完善

自从 2008 年下半年着手设计调查体系，2009 年启动调查，2010 年正式发布调查结果，并开始进行一系列的延伸研究和地方应用，到今天的理论化研究，全国游客满意度调查课题组定期研讨调查问题、调查方法和调查结果，坚持每个季度撰写内参报告、发布调查结果和组织专家研讨，不断完善调查内容、指标设置和工作体系。

任何能够上升为国家层面的战略任务，必须要有学术思想的引领和专业理论的系统建构。回头看过去六年所走过的道路，如果没有针对样本城市的数十场专题演讲，如果没有提出"城市是市民与游客共享的生活空间"等原创性的学术观点和思想体系，那么全国游客满意度调查项目就可能只是一项问卷调查的技术活儿，最多只能在旅游行政主管部门的范围内产生一些影响。与传统的学术研究追求逻辑自洽和同行检验不同，这些带有原创意义的理论和思想，必须也只能接受国家和地方政府及其主要领导同志的检验。他们不认同的话，这项工作很容易就会变成学者自娱自乐的东西。你得用他们听得懂的语言把战略思想转化成为各级党委和政府的现实动力。当然这个过程的实现并不是件容易的事情，一次又一次的调研，一场又一场的对话与演讲，还有学术、行政、媒体语言之间的转换，相比传统的学术研究，确实劳心费神。可是我们深知：欲戴王冠，必承其重。既要解释世界，又要改造世界，没有办法，只能走这条路。

■ 三、权威媒体的关键作用

确立了全国游客满意度调查和评价项目的平民视角，用科学的手段把千千万万普通游客的分散意见"打捞"、整理，并形成有分量的研究报告，只是完成了类似于商品生产过程，如何实现"惊险的一跃"让商品进入市场，还需要包装、宣传、流通等多个环节。在资讯高度发达的信息社会，媒体，特别是国家级权威媒体的传播与放大作用是无论如何强调也不为过的。个体的机构影响力是有限的，需要通过媒体这一"话筒"、"扩音器"把研究成果，特别是游客的声音传播出去。

游客满意评论涉及目的地经济社会发展水平，涉及城市、乡村和景区的诸多场所，当百万、千万数量级的信息被收集起来以后，就直接向社会发布没有意义，再专业的媒体也不可能花如此巨大的精力去抓新闻点。在信息和数据加工整理的过程中，我们针对媒体的需求重点做了两项工作，一是对全国 60 个样本城市、世界 27 个中国游客到访的重点国家，按满意度的分值从高到低进行排名。不要小看这个排名，它可以快速形成新闻热点，让媒体形成周期性的热点预期，不然的话，成果只在学术期刊发表就好了。因此不难理解为什么中央电视台、中央人民广播电台这样的公众媒体，《人民日报》这样的时政媒体，还有新华社这样的国家通讯社要跟进。二是在理论抽象的基础上主动提炼易于传播的专业思想，像"景观之上是生活"、"游客需要触手可及的温暖"、"政府的每一份努力，游客都能感受得到"等观点好记忆，易传播。善用媒体的前提是要懂得媒体，哪怕是国家战略也需要权威媒体的推动和社会媒体的互动。你的东西他不感兴趣，或者虽然感兴趣，但是听不懂，是没有办法互动的，更不可能让媒体主动为你做工作。

从 2009 年起，我们每个季度都公布一次全国及 60 个样本城市的游客满意度调查结果。为更好地指导各地工作，我们分批向样本城市发送旅游质量提升工作建议书，召开专题工作研讨会。及时将最新、最有价值的城市满意度调查成果整理编辑成《调查要报》，专门呈报地方党委和政府作为内部参阅件，内容包括现状、问题、原因以及解决思路和对策建议等，力求务实管用，以此加强对调查成果的挖掘、宣传、推广和转化，有效引导地方政府进一步改善环境设施，提升游客实际感受的满意度。《调查要报》既可以是反映当地游客满意度的实际问题，也可以是比较性的分析结果和一些规律性的结果，还可以是当前各地提升旅游发展质量的最新动态，等等。在此过程中，不断完善工作机制，在经验总结交流的基础上，使全国游客满意度调查工作切实成为各级党委和政府，特别是旅游行政主管部门在新时期工作中的有效抓手。

新闻媒体和社会各界的参与是游客满意度提升的重要推动力量。课题组定期向国内外媒体发布城市满意度排名和研究报告，通过新华社、中央电视台、《人民日报》等主流媒体建立定期发布机制，向目的地政府、旅游推广机构等派发满意度排名和研究报告，定期组织旅游主管领导和政府组成部门、旅游经营机构与旅游研究机构等召开游客满意度研讨会。为了能够形成与各级政府和社会民众的广泛互动，同时考虑到自上而下的集权传统以及自下而上的民情诉求，课题组重点选择了能够引起中央和省市级领导高层关注的权威媒体，以及能够快速引起青年群体特别是民意机构及时关注的各大新闻门户网站和微博、微信等自媒体。从实际情况来看，这一工作方法达到甚至超出了我们所预期的社会效果。各类新闻媒体尤其是人民网、中央电视台、新华社等权威媒体强势介入后，其他媒体如搜狐网、凤凰网、《光明日报》、中央人民广播电台、中国国际广播电台、旅游卫视、《经济日报》、《中国日报》、中国新闻社、《大公报》、《中国旅游报》、中国网、央视网、《中国商报》、中国经济网等更多媒体也开始跟进，并进一步带动了地方媒体和社区论坛热议。在短时间内，全国游客满意度调查就引起了社会的广泛关注，初步达到了通过媒体影响政府和民众的效果。

总体来看，游客满意导向的目的地评价制度可以概括为坚持政府统筹、第三方调查、科学保障、媒体参与的"四位一体"工作机制（图3）。课题组利用媒体的本意是推动地方党委和政府的主要领导、旅游行政管理部门、旅游经营机构和社会各界高度重视游客满意度的提升，更加注重普通游客的旅游权利保护和旅游福祉提高。权威媒体的传播和网络媒体的发酵使样本城市所在地党委政府，尤其是各级旅游局承担了巨大的舆论压力，样本城市的主管领导甚至是许多省部级领导干部和党政一把手都做出了批示，要求旅游局尽快提升满意度排名的位次。一些城市的主管领导就带着批示来跟课题组"协调"、"做工作"，甚至找到国家旅游局的主管领导进行抱怨，个别领导同志还将此问题提到了"讲不讲政治"的高度。对此，国家旅游局的领导同志及时做出明确指示："人民群众的满意就是最大的政治。"这样，我们才放下担子，一路坚持下来，在逐渐引导地方政府理性看待排名之后，更多的是通过调查报告、工作建议书以及研讨会的形式帮助地方政府提高游客满意度。这也说明类似全国游客满意度调查这样的应用研究一旦形成地方政府的工作抓手，来自政府高层的支持是多么重要。

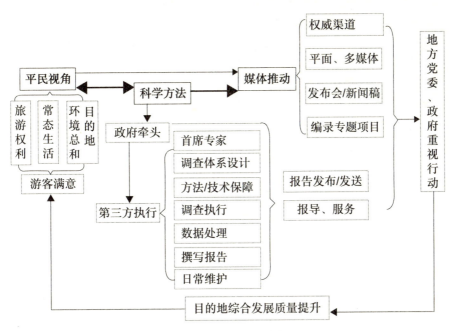

图 3 游客满意度调查体系

第六章

把地方党委和政府的积极性调动起来

在大众旅游这个开放的体系中，面对游客无时无刻不对目的地做出评价的事实，谁能够为此负责呢？显然，只靠旅游行政主管部门是无能为力的。有的同志认为旅游局是弱势部门，应升格为旅游部、旅游发展委员会，以应对旅游发展过程中不断出现的新问题。如果按照游客到了哪里，旅游局的权力就延伸到哪里的思路去做行政管理创新，那就只能让总理、省长、市长来兼任各级旅游局长了。但是涉及游客满意与否的问题，旅游局又确实跑不掉。怎么办？只能走多角度、多路径调动地方党委和政府的积极性，走"专业谋划、系统推进"的路子。之所以把党委放进来，是因为我国的政治体制决定了在地方的行政架构中，党委是决策者和领导者，也是各条块力量的现实整合者。

过去六年的理论创新和工作实践情况证明了这个思路是正确的，也是有效的。由于社会媒体的高度关注和宣传，全国游客满意度调查引起了地方政府特别是样本城市党委和政府的高度重视，作为对这项工作的回应，市委、市政府、各委办局同志以及社会各界越来越理性对待城市排名，更加关注城市运营质量的总体提升，创造了若干行之有效的工作举措。当前对旅游业实际存在问题的分析是客观的，措施是得力的，效果是明显的。可见运用得当，游客满意完全可以形成大众化旅游发展阶段的工作新抓手。

一、让地方党委和政府成为游客满意度提升的责任主体

随着权威媒体的发布和其他社会媒体的跟进，各样本城市的游客满意度排名开始对地方党委和政府形成了舆论压力，省委书记、省长、市委书记、市长的批示更多指向旅游局，明确要求限期提升名次。客观地讲，这是旅游局做不到的事情。引起党委政府的高度重视以后，我们的工作开始转向科普性的宣传、解释、会议研讨、专题采访等，反复说明这样一个道理：游客是对整个城市的评价，是对各行各业的评价，游客满意度提升的责任主体应该是地方党委政府，同时游客满意度调查所反映的权利诉求和游客视角的城市发展信息，也是地方党委和政府提升城市形象和推动地方经济社会发展必不可少的工作依据。

旅游是人民生活水平提高的一个重要指标，如何接待好对生活质量有更高诉求的游客，实际上体现了政府的综合执政能力。旅游目的地要经得起来自不同地域和文化背景游客的全面审视，当且仅当目的地不但能够让本地居民满意，也能够让外来游客满意的时候，政府的执政能力才能得到真正的检验。正是因为这种认识的深化，我们看到在全国游客满意度调查的实践中，越来越多的地方政府都能够以科学的态度来看待游客满意度工作，并且把游客满意作为一项系统工程、一项对城市综合发展质量的全面诊断，成为政府创新工作方式的一项重要抓手。武汉、成都、郑州等地采取由市委、市政府的主要领导而不是旅游局局长，甚至不是分管市长召开调度会的形式来解决游客满意度问题。这样一来，就给旅游管理工作带来了全新的思路，即通过游客视角来促进本地城市管理水平和目的地综合发展质量的提升。在全国游客满意度调查中，旅游局不再是一个单纯的行业管理部门，而成为一个事实上的综合协调部门，承担了类似统计局对经济发展质量全面诊断的功能。游客满意不再单单是旅游局的事情，而是与地方政府各个组成部门紧密相关，旅游局理所当然地可以从游客视角出发对整个影响游客满意的部门提出相关建议。也正是深刻认识和科学把握了游客满意所带来的工作方式的转变，课题组开始把测评体系中的指标按照政府组成部门分解出来。

关于政府作用的发挥问题，我们首先要明确是在何种意义上说"政府"这个主体的，是政府部门、人民政府，还是广义的政府？是中央政府，还是省、市、县

（区）各级地方政府？类型和层级不同，所扮演的角色和发挥的作用当然有差异。就拿游客满意度提升这项工作来说吧，作为政府组成部门的旅游局首先是"做不了"，其次是"跑不掉"。"做不了"是说在一个开放的体系做旅游，营造一个优良的目的地接待环境，只能是广义的政府才可能有所作为的事情，因为需要条块联动与综合协调。"跑不掉"是说旅游局必须准确把握游客的评价信息，在汇总分析的基础上，为市委书记、市长提供解决问题的专业方案，然后尽力做好分内的事情和政府交办的需要自己牵头的任务。

在全国游客满意度调查和提升的实践中，党委和政府如何把游客满意度提升工作的责任主体落实到位，各地形成了许多成功的经验，概括起来主要有三个要点：

首先是权威媒体和网络舆情的相关信息通过专门渠道送到高级领导同志的案头。领导同志认识到这项工作对所在城市和地区形势以及经济社会发展环境的重要性，采取书面"批示"和当面"指示"等中国特色的行政行为，推动下一级党委政府直属的部委办、局限期整改落实。在此过程中，高级领导干部的批示和办公厅的督办工作发挥了不可替代的作用，例如陕西省的领导同志对全国 60 城市游客满意度排名延安市靠后的调查结果进行批示，并对延安市整改后取得明显提升提出表扬。河南省和郑州市的领导同志对全国 60 城市游客满意度排名郑州靠后的调查结果进行多次批示，督促成立郑州市城市形象提升办公室，把城市和各区县的满意度调查结果直接向市委市政府主要领导汇报，使旅游、工商、公安、交运、城管、物价、文明办、地方新闻以及各县（市）区和窗口单位都动起来了。经过持续整改，郑州市游客满意度排名明显提升。青海省的主要领导同志也对西宁市游客满意度提升工作亲自过问，有力地推动西宁市专项工作的开展。2014 年，西宁在市委、市政府的直接领导下，通过综合整治和分工考核等手段，使游客满意度排名上升至第 42 位，较 2013 年提高了 15 位，居西部城市前列。从网络舆情来看，绝大多数通过人民来信、记者采访、网络媒体反映出来的民间意见出发点是好的，是建设性的，也是有针对性的。更多的民意是帮着查找原因，提出改进和提升的意见与建议。近年来成都和郑州媒体网络事项督办中心所受理的群众反映问题，很多指向城市建设与发展的要求，特别是城市构建面向游客的公共空间和公共服务体系，都与满意度提升工作直接相关。这些重视网络民情的工作使以人为本、让游客满意的执政理念在网络时代得到了充分的体现，并最大限度地凝聚了社会共识。郑州市政府还提出了

"网民留言＝领导指示"的要求,《人民日报》还做了《从"网络问政"到"网络行政"》的专题报道。

其次,为贯彻落实上级领导的指示,各地、各部门的行政机器纷纷为提升游客满意而启动,并创造了一批行之有效的模式与经验。成都、郑州、黄山、苏州、南京、延安、泰安等城市通过"城市形象提升办公室"、"城市旅游满意度提升工作组"、"旅游环境质量大整治"、"专题调度会"、旅游公共服务创新、行业服务评比、党政"一把手"和分管领导问责制、培育本地旅游市场主体、新增重点项目等形式统筹各部门、各地区和各单位,成功地实现了将游客满意度调查转化为新时期旅游发展的工作抓手。各地还通过与部门负责人考核挂钩等工作方式,广泛动员、全面调动社会各界力量努力提升游客满意度,在旅游服务质量方面取得了明显效果。成都市人民政府通过市领导主持的工作调度会把游客集中反映出来的问题分解到相关部门、区县政府和重点区域的管理部门。成都市旅游局与网络办密切合作,及时监测各主要网络的游客评论,按期把游客评论反映出来的问题进行分解落实。这种旅游部门和宣传部门联手的工作方式,能使对城市旅游环境的游客评价分析得更到位。延安开展了旅游环境质量大整治活动,每半个月发布整治工作简报。泰安市游客满意度提升工作组评选来自公交、卫生、公安、消防、银行、铁路、宾馆、景区、导游等领域的"十大服务明星"活动。黄山市通过更加详细的调查,定期查找具体问题。广安在利用网络提高游客满意度以及投诉与质监系统建设方面有一些工作经验。云南探索推广"随机调研"制度。上海将游客满意度纳入文明办、纠风办的工作内容。宁波、南京等发达地区的城市也积累了一些先进做法。更多的城市则根据自己的市情开展了相应的改进工作,并取得值得肯定的成绩。

最后,以游客满意度调查的基础,形成政府主导、部门联动、社会参与的良性格局。目前,山东、浙江、江苏、重庆、福建等省区市持续开展涵盖全域的游客满意度调查工作,积累了较丰富的经验,课题组还协助部分省市开展游客满意度调查,在重点旅游城市开展游客满意度提升专项调查。2014年成都、黄山、郑州、延安等城市继续探索了游客满意度提升的政府治理模式,有效推动其游客满意度持续稳步提升。2014年浙江省、江苏省按季度在媒体公开发布当地游客满意度调查结果,创新成果利用形式,有力促进了当地城市满意度提升。实践经验表明,无论是旅游产业规模的增长,还是游客满意度的提升,都离不开党委政府的统筹。党委和

政府的责任主体履职到位了，从大众旅游的客观规律出发，通过全市环境大整治，完善商业接待体系和公众服务体系，旅游城市向城市旅游的转化、以旅游发展促进城乡统筹才可能顺利推进。尤其是在中西部地区，旅游基础设施的建设和完善更离不开党委政府的支持和引导。实践表明，凡是那些党委政府高度重视、旅游行政主管部门牵头推动、各部门协同配合和社会广泛参与的城市，均形成合力成功提升了游客满意度。反之，那些没有广义政府全面介入的城市，旅游行政主管部门则始终无法摆脱"干不了、跑不掉"以及游客满意度徘徊不前的尴尬境地。

以上经验可以说都为探索有中国特色的当代旅游发展理论和旅游发展方式做出了积极贡献。我们各地的主题演讲和专项培训中，更是充分吸收和借鉴了这些成功经验，在与地方政府的实践互动中形成了关于城市与旅游融合发展的学术思想。与其他学术研究相比，这一重大理论创新和社会实践工程的最大特点在于它对政府和社会产生了实实在在的重大影响。理论主动走入实践，积极引导政府把游客满意纳入到宏观工作框架，把培育游客和市民共享的生活空间，把普通百姓可以触摸的生活和可以共享的文明作为当代城市旅游发展的理念，通过政府文件、中长期旅游发展规划和年度工作计划使之成为一种普遍的社会共识。

二、国家立法机关和中央政府对地方的统筹、监管与促进

在调动地方党委和政府积极性的同时，还需要持续优化顶层设计，将游客满意问题纳入国家发展战略，构建以游客满意为导向的旅游综合协调机制。

近年来旅游业和游客满意的综合性质已经被国家和地方政府充分认识，并且在各级机构建立起相应的法律制度、体制机制和管理体系等。在立法层面，游客满意涉及的旅游者权利、保护旅游者、游客导向等观念已经在国家法律体系中得以确立。《中华人民共和国旅游法》开篇就明确了"保护旅游者合法权益"的立法宗旨，具体归纳了6大方面的旅游者权利，把实现公民旅游权利、保护旅游者权益的基本原则贯彻在整部法律的条文当中。近年来，国务院先后制定了《旅行社条例》、《导游人员管理条例》、《中国公民出国旅游管理办法》等3个行政法规，有关部门制定了30多

件行政规章，全国 31 个省（区、市）的人民代表大会也制定通过了《旅游条例》或《旅游管理条例》。促使《中华人民共和国旅游法》在 2013 年通过和实施的根本原因，还在于该法起草过程中吸取过去 30 多年旅游立法工作的经验教训，坚持游客导向的综合立法原则，把保护旅游者权利作为法律的宗旨和基石，最终获得各部门、各地方和社会各界的一致赞同。2014 年中央的有关战略部署进一步明确了旅游综合执法的指向，十八届四中全会发出全面建设法治社会的动员令。在会议报告第三部分（三）"深化行政执法体制改革"这一小节中，明确提出"推进综合执法，大幅减少市县两级政府的执法队伍种类，重点在……文化旅游……等领域推行综合执法，有条件的领域可以推行跨部门综合执法"。可以说，近些年旅游业面临的市场秩序、诚信经营、假日拥堵、文明旅游、转型升级和培育现代服务业等，都是党中央十分关注的发展质量问题。党的十八大以来，全国游客满意度调查课题组还作为中纪委的联络点和群众路线教育的联络点，其成果为中共中央、中纪委和全国文明办等单位所采用。

旅游业的"综合执法"特点，要求在政府层面建立旅游工作制度和综合协调机构。在中央政府层面，自 2009 年我国确定"把旅游业培育成为人民群众更加满意的现代服务业"的国家旅游战略以来，国家相继制定"中国旅游日"、《国民旅游休闲纲要》和《国务院关于促进旅游业改革发展的意见》等政策措施，完善政府旅游法律规章。2014 年 9 月，为贯彻落实《中华人民共和国旅游法》，加强部门间协调配合，促进我国旅游业持续健康发展，并顺应"黄金周"向"带薪休假"转变，国务院成立了由汪洋副总理牵头的旅游工作部际联席会议。成员单位由"假日办"时代的 18 个扩展到现在的 28 个，分别是国家旅游局、中央宣传部、发展改革委、财政部、外交部、教育部、公安部、国土资源部、环境保护部、住房城乡建设部、交通运输部、农业部、商务部、文化部、卫生计生委、工商总局、质检总局、新闻出版广电总局、安全监管总局、食品药品监管总局、统计局、林业局、气象局、铁路局、民航局、文物局、中医药局、扶贫办等。讨论旅游市场秩序、通报游客调查结果已经成为旅游工作部际联席会议的重要议题。此外，我国《质量发展纲要（2011—2020）》明确提出旅游业等生活类服务业的游客满意度，到 2015 年要达到 75 分以上的水平。而旨在考核省级政府的《质量工作考核办法》（国办发〔2013〕47 号）不仅将游客满意度相关指标纳入其中，而且直接占 5 分。上述政策措施、工作机制

的建立和完善充分表明，经过各方面多年的努力，以游客满意为导向的国家发展战略正在逐步形成。

全国游客满意度调查不断推动地方政府创新旅游发展方式。原国家旅游局邵琪伟局长在 2012 年全国旅游局长研讨班上指出："消费者满意是旅游强国的试金石，要让群众满意成为旅游发展的'指挥棒'。"2013 年，在旅游行风建设工作领导小组会议上邵琪伟又强调指出："全国游客满意度调查一直以来受到地方党委和政府的高度重视。开展游客满意度调查，对进一步规范旅游市场秩序、提升旅游服务质量、完善旅游公共服务起到十分有效的促进作用。要继续开展全国游客满意度调查工作，不断完善评价指标体系，最终形成一套公正、客观、权威的旅游服务质量评价体系。要通过开展游客满意度调查，督促并推动政府和职能部门调整工作思路、转变工作方式、加大工作力度、扩大社会影响，特别要推动重点旅游城市政府将游客满意度调查结果转化为旅游监管工作手段。"国家旅游局副局长杜江指出："以人民群众更加满意为向导，始终不渝地规范旅游市场秩序和提升旅游服务质量，是国家和人民赋予旅游业的重要使命，要有坚持不懈、长期奋斗的思想准备和系统的规划部署。"同时，他还称赞全国游客满意度调查项目"活生生地为新时期旅游工作找到了新的抓手"。原国家旅游局监督管理司司长李任芷在工作会议中曾指出："全国游客满意度调查是国家旅游局主导的工作，已经成为工作抓手，对落实国务院《关于加快发展旅游业的意见》提出的'把旅游业培育成为人民群众更加满意的现代服务业'战略目标，对旅游领域落实全面建成小康社会战略等具有重要意义。"课题组首席专家、中国旅游研究院院长戴斌认为"让千千万万游客满意是城市旅游发展的题中之义，也是国民旅游的战略宗旨，城市游客满意度提升需要政府主导，更需要社会参与"。在国家旅游局的大力支持下，全国游客满意度调查项目积极配合完成了 2011 年"旅游服务质量提升"工作年、中国旅游业"十二五"发展规划编制以及群众路线教育和其他各项工作。

国家立法机关和中央政府在旅游法律和旅游发展政策方面坚持以人为本、游客导向的方针，并不断推出和完善工作措施，对地方党委和政府具有巨大的引导作用。国家战略对游客满意的重视也是为地方党委和政府履行责任主体做了明确背书，经由政府机构的工作考核体系和专业机构的分类指导，正在持续推动地方政府对游客满意提升工作的创新，并在此过程中不断注入新的动力。

三、要防止漠视，也要防止过度重视

说实话，游客满意度提升工作既怕地方不重视，更怕地方过度重视，直奔城市排名提升的表面工作而忽视长期的系统提升工作。过去六年里，每个季度的样本城市排名公布后，主管旅游工作的市领导、旅游局长很快就来到北京，向课题组请教怎么样把名次更快地提升起来。有的城市主要领导对旅游局长提出明确的量化指标，如"确保前三名"、"每个季度提升五个位次"、"万万不能垫底"等主观要求。还有不少带着市委书记、市长的批示过来跟调查组"协调"。为什么会出现这样的情况？这与有些城市的既往的工作经验有关，例如他们在创建"××城市"的工作中，暗访组还没出发，他们已经拿到名单；暗访组成员乘坐飞机，他们的工作人员就坐在旁边；暗访组成员乘坐的出租车、入住的酒店，他们都了解得一清二楚。[1] 在创建卫生城市的过程中，"附属式公共厕所每平方米苍蝇数小于等于 1 只，独立式公共厕所小于等于 3 只"等非常苛刻的指标要求，他们都可以实现。在面对游客满意度的调查结果时，原来的工作方法不灵了，许多城市感觉"无能为力"。这是因为游客满意度调查和排名是基于对我国的大众旅游市场散客化的把握，是用平民视角和科学调查开展的第三方评价，不能用创建文明城市、双拥模范城、卫生城市、优秀旅游城市等传统的方式提升游客的满意度，更不能将这项工作简单化为城市排名。

随着旅游大众化、散客化的发展，越来越多的因素进入到游客对旅游目的地，特别是城市评价的范围。过去我们一说发展旅游，就是景区、导游、旅行社。但散客时代的到来从根本上颠覆了传统的旅游观。现在游客走到大街上看到城管踹小贩一脚，游客就开始评论；走在大街上打车打不到，就开始抱怨。这些游客评价信息大量存在，我们在 2014 年共收集了游客的网络评论信息超过 1000 万条。如此海量的游客评价数据，任何政府领导、部门甚至调查组本身都无法"协调"更改结果。除非你能够把到访的每一位游客都服务满意，否则大样本数据是不支持官方和学界精英所代言的游客满意。在调查质量控制方式上，我们也做了科学设计，例如城市拦

---

[1]　例如据媒体报道，为迎接"创建全国文明城市"检查组，有的城市相关部门在内部传阅检查组人员照片，要求仔细辨认，情节如同谍战大片。或者全城动员，要求市民熟背 24 字社会主义核心价值观，以及动员不少大妈走上街头拉起红线，阻止行人乱闯红灯，以应对检查组来访（资料来源：盯梢"创文"暗访组令文明扫地，《华西都市报》，2015 年 1 月 7 日）。

访，如果像取水一样，总是在固定的地点取固定的样本，时间长了，相关城市的政府部门就会来做工作了。因此，我们采取完全没有计划的抽样。调查队伍是随机派遣的，每个城市有若干候选样本，每个季度取样的时间分布在3个月里，政府真想盯着这个事，很费神费力，也就没有必要。你不知道在哪里取，也不知道哪天取多少人，而且一旦发现这个样本大量重复的时候就要被自动替换掉。这种情况下更加考验城市整体运营水平。课题组反复向样本城市宣传，希望他们既要关注满意程度和城市排名，更需要关注整个城市的运营水平，要有系统的观念和长期的打算。

在城市一级开展游客满意度调查，相对于游客对所辖区县（市）的分区域评价，我们更重视游客对铁路、公交、出租车、餐饮、商业等分行业的评价。这是因为游客在城市目的地内部的空间移动，对人为的行政区划是不敏感的，他不知道或者说不必要辨识跨过某一条街道，就从北京的东城区到西城区。但是他从地铁出来上了出租车，下了出租车进了商场，这样的场景转换是异常敏感的。旅游是一项涉及面广泛，与城市建设、公共服务和居民生活品质高度相关的领域，需要与城市建设和经济社会发展的各行各业结合起来，重点抓好游客反映强烈的若干事项的落实工作。比如市区的公共厕所特别是交通网络和景区内的旅游厕所的建设与管理。除了厕所，还有食品卫生、交通拥堵等，都是城市管理的细节之处，都是需要城市管理者下大力气持之以恒地付出和努力的。促进传统的历史文化和自然资源与现代都市、会展、商务等非传统旅游资源相结合；提高旅游产品的丰富程度，开发并经营特色鲜明的旅游产品体系，既要让"白天有的看"，又要使"晚上有的玩"，不能仅满足传统旅游产品方面的需求，更要围绕"吃、住、行、游、购、娱"多做文章，推动旅游与第一、第二、第三产业融合发展；在大众旅游发展的初级阶段就要未雨绸缪，利用信息科技等先进手段建设满足大众需求的散客服务体系，重点完善旅游信息、咨询服务、投诉处理、应急处置、紧急救援、旅游保险等旅游公共服务体系，都是城市游客满意度提升的有效切入点。

四、始终坚持为游客代言的立场

全国游客满意度调查实施六年来，我们始终把游客放在科学调查和评价的中心地位，以游客的核心诉求和现实需求为标准来构建测评体系的各项指标，结构方程的设计以及指数权重的确定都是为了更加科学地挖掘和"打捞"普通游客的真实声音。课题组组建的调查队伍、技术队伍、分析队伍、发布队伍和后期服务队伍等都是采取在专业化分工基础上相互独立又不断反馈的流水作业。为了保证调查的公正性和客观性，我们不接受任何城市的帮助和支持，即使中国旅游研究院是国家旅游局的直属事业单位，课题组也没有改变第三方评价的立场。我们认为全国游客满意度调查之所以取得了比较大的成功，主要的原因就在于我们始终如一地坚持了为游客代言，尤其是为千千万万的普通游客代言的学术立场。把旅游当作一种人民群众的短期的异地生活方式来看待，把普通游客的旅游权利实现和旅游福祉提高作为宗旨，最终才能够实现与国家战略、各级地方政府、产业界、学术界和社会民众以及相关国际组织的良好互动。这也是国家战略视角下游客满意理论建设与其他学术研究的重大区别之处。

要实现游客满意理论建设与国家战略、各级地方政府、产业界、学术界和社会民众及相关国际组织的良好互动，确实要面临一些困难和挑战。不同的立场和不同的人群对世界有着各自的看法，而且形成了自己组织内相对固化的价值观、话语体系和行为习惯。这些年来，学术界、产业界和政府甚至国际性组织都是在一个封闭的圈子里面打转转，相互之间"老死不相往来"。许多学者主张学术研究是为了解释世界而非改造世界，而产业界的人士对学术界敬而远之，觉得学者缺乏行业的敏锐感和生存的危机感，只是"站着说话不腰疼"。政府官员虽然有为民服务的决心和内在使命感，然而体制内决定他只能谋求任期内的有限作为。由这些精英人士所主导的理论话语、商业模式和发展方式一定程度上决定和影响着人民生活的改善和社会的健康发展。他们之间没有交集和对话，对包括旅游在内的各项事业负面影响丝毫不亚于干部脱离群众的负面影响。

作为一项重大的社会实践，全国游客满意度调查项目能做些什么呢？无非就是把真实的人民生活和游客声音呈现在这三者面前，推动社会的精英人士更加关注老百姓的日常生活，为老百姓的点点滴滴而努力，难道这不正是群众路线教育和"中国梦"在旅游领域的真正体现吗？谁解除了老百姓出游过程中的"痛点"，谁保护了老百姓出游过程中的权利和利益，谁反映了老百姓的呼声和诉求，谁就是这个时代的英雄！是英雄就注定要承受怀疑、指责、谩骂甚至是自身生存和发展的压力。在此过程中，主管领导和负责同志承受了项目运行过程中来自方方面面的压力，包括

不理解、怀疑、抱怨甚至是谩骂，但最终还是把坚持为游客代言和为普通民众谋福利作为自己的立足点和出发点，使这一重大社会实践创新延续了下来。课题组也通过不断完善数学模型、指标体系、工作方法等，使这一重大社会实践更加科学、更加规范和更为客观地反映普通游客的声音和诉求。正是因为我们坚持为游客代言，课题组才换来了人民网、中央电视台、新华社等中央权威媒体的广泛参与，才得到了山东省、江苏省、广东省、浙江省、宁夏回族自治区以及成都、郑州、延安、苏州、厦门、西宁、长春等各级地方党委和政府对这项工作的认可与肯定，才获得了去哪儿、蚂蜂窝、携程、海航、开元等旅游企业的大力支持，才引起世界旅游组织、国际旅游学会、学术界专家和中国旅游研究院全体同仁的关注。

第七章

政府的每一份努力，游客都能感受到

政府对游客满意度调查工作的重视程度、工作部署和实际推进的效果都会通过游客满意度调查及时体现出来。政府为游客满意度所做的每一份努力，游客都能感受到。为了促进更多的国民得以享受满意的旅游体验，提高生活质量并保护旅游者和旅游经营者的合法权益，目的地发展就必须有普通游客的参与。普通游客话语权的缺位，仅仅依靠行政管理部门和精英主导的发展过程是不完善的，也是与旅游经济运行规律和现代城市管理理念相违背的。只有当最广大游客的感受和声音能够自由而理性地表达出来，广大游客切实感受到政府的每一份努力，一个国家和地区才可能实现真正的发展和进步。

■ 一、景观之上是生活

自 2009 年开展全国游客满意度调查以来，连续六年的数据显示，我国的游客满意度指数仍然低于境外目的地国家和地区，尤其是与世界发达国家和地区相比还有较大差距。譬如 2014 年全国游客满意度指数为 74.10，而同一时期中国公民对新西兰的满意度指数为 80.55。看似虽然只有几分的差距，但实际上却需要极大的努力，因为两者之间一个处于"一般"水平，而另一个则处于"满意"水平，而中间则是"基本满意"。如果仔细观察一下全国游客满意度指数的排名情况，也会发现数值相差 2 或 3 就已经是很大的差距，更不要说是 5 以上的差距。在深究我国游客满意度较低的原因时，我们明显发现并不是因为传统旅游资源禀赋不足，而是与经济发展水平和生活方式体验相关。从大量的游客网络评论来看，游客既对景区门票、旅游购物、一日游、黑车、黑导等问题反映突出，同时也对居民友好程度、生态气候、卫生设施、步行道、网络信号等总体环境更加敏感。2013 年以来有关北京、上海、青岛、杭州甚至三亚、拉萨等众多优秀旅游城市的持续性雾霾天气的评论较多，游客感叹"行程中看不见中国的美丽"，旅游因而成了"可望而不可即的乡愁"。出租车拼座和拒载行为、景区洗手间落后、照相收费、景区广场占道经营、流动摊点、旅游旺季订房困难和客房性价比相对不高等问题反复出现，导致网络评论的游客满意度一直相对较低。来自一线的数据、统计和专题研究表明，构成城市旅游核心竞争力并能够持续提升其发展质量的往往是那些传统的景区、酒店、旅行社之外的东西，特别是面向居民生活和休闲需要的商业服务体系和公共治理能力。实际上，上述的问题也在反复说明一个简单的道理，即在大众旅游阶段尤其是在向大众旅游中高级阶段演化的过程当中，游客更加关注的是景观之上的生活。发达国家和优秀城市的经验也在持续表明这样一个道理。我们去巴黎、伦敦、纽约、中国台北，只是要看埃菲尔铁塔、威斯敏斯特教堂、自由女神像和 101 大楼吗？是，也不完全是。这些城市所承载的时尚、优雅、繁华和文明才是吸引游客到访的持续动力之所在。那些排名靠前的城市，例如无锡、苏州、成都、黄山、厦门等，其共同点是都具有源远流长的历史文脉，又有相对丰裕的现代生活，特别是城乡居民日常言行中自然散发的悠闲与雅致。万丈红尘最温暖，精致更需市井寻。相对于传统的自然与历史文化资源，游客满意程度受目的地经济社会发展的现代化水平影响更大。

多年以来，各地以发展旅游的名义搞了很多大活动、大项目，也扛回不少大牌子，可是游客为什么还有那么多不满意呢？实际上，道理很简单，我们给的，不是游客真正需要的；我们下力气最多的地方，也不是游客的核心诉求之所在。相对于那些承载宏大叙事的场景，门票价格、环境卫生、景点拥挤、通信网络、旅游标识、便利设施……才是老百姓需要的触手可及的温暖！城市管理者和旅游部门负责人要像抓住大项目、大活动那样切实抓好旅游发展软环境，特别是商业接待体系和公共服务体系的完善与提升工作。有游客在网络评论中说道："说好的享受，却成了委屈。说好的不购物，却买得倾家荡产。说好的尊贵服务，却对投诉置之不理。果然我还是上当了！"

　　不少城市的景区、饭店、机场、高铁建设得不错，可是出了红线范围一看，就不一样了，有人形容是"景区是欧洲，城市是非洲"，反差太大了。如果旅游还是像过去一样是在一个封闭的世界里运行的，这样的反差不会反映到游客的满意度评价中去的。但是在散客时代，只求"驴粪球子外面光"肯定不行的，必须让游客随时随地享受到常态化生活的品质。从厕所、出租车、网络覆盖、公共卫生等城市细节抓起，让游客切实感受到政府的真实努力。在这个过程中，我们看到许多地方党委政府积极行动起来，成都市委主要领导甚至对游客满意度提升工作调度会负责人提出工作要求："如果成都的游客满意度提升不上去，那么下次调度会就不麻烦你了！"南京的满意度在2010年排名第一以后，市委书记亲自到市旅游局慰问每一位同志。延安2011年下半年游客满意度指数比历史同期提升6.18，第4季度提升到74.07，在一年中游客满意度指数总体上升了3.65，并逐步稳定在一个较好水平上。

　　全国游客满意度调查虽然是以60个优秀旅游城市为样本进行的调查，但实际上城市边缘地带甚至是广大的乡村也可能因为资源禀赋和旅游开发而成为调查的对象。可以想象的是，相对于城市内部而言，我国的城乡结合部以及广大农村的公共服务则更加滞后。中国旅游研究院2012年赴内蒙古呼伦贝尔市举行"CTA博士团聚焦额尔古纳"主题党日活动时，全体同志可以说都经历了"沿途讨厕"的痛苦经历。目前，国家旅游局已经于2015年正式启动了"厕所革命"，而一些敏感的市场主体基于这一旅游痛点，开发出了一批找厕所的APP，如国内的"噢粑粑"和国外的Toilet Finder。由于生活方式的不同和公共服务的严重不足，城市居民要想完全真实地体验美丽乡村的生活，可以说几乎是不可能的。这就像电影《甲方乙方》中那位想要过全封闭农村生活的"土豪"，曾经的豪言壮语，到最后依然抵不住对全村土鸡的垂涎。同时，如果没有商业、公共服务、电话、WIFI，无法洗澡，甚至在遇到人身安全问题时没有救护保障的生活，是不可能留住具有现代生活习惯的游客的，要是有那也只是少数人。因此，在乡村旅游的开发过程中，我们要紧紧把握"景观之上是生活"这一朴素的道理，让游客在乡村既能发现美、感受美、传播美，又能舒心和舒适。2014年，课题组到江西婺源调研乡村旅游时看到了当地政府在发展理念和资源开发机制上的努力：名闻天下的江湾经由制度创新、社会管理和居民的参与，较好地解决了旅游发展与社区居民共享的难题。篁岭模式则在充分保障村民利益的基础上，探索了传统生活体验、乡村休闲度假、观光农业等业态开发的新模式。

二、让游客看见政府的努力

近年来，在游客满意的实践过程中，越来越多的城市领导者和目的地管理机构自觉地让游客反映出来的问题成为解决目的地旅游发展质量和市场秩序、提升城市旅游形象的"指挥棒"。把游客的需求增量叠加到常住人口的需求存量上去，统筹规划和建设交通、餐饮、娱乐等商业服务体系和游客问询、公共厕所、投诉救援、应急管理等公共服务体系。与此同时，主动让旅游发展所带来的多元共生的价值观和生活方式，引领城市运营体系特别是公共空间的现代化转型，让旅游成为城市化全新的发展引擎。更多城市在发展过程中学习和借鉴国际旅游目的地的发展经验，以更加包容和共享的心态，在现代化进程中打造一个市民与游客共享的生活空间，让游客随时随地可以触摸和感受城市文明的日常温暖。

发达地区把原来面向市民的公共资源和商业体系向游客开放，比如杭州的免费西湖模式，比如成都、南京等地城市公园的开敞式改造，将绿色还给市民，将品质分享给游客。其他地区则开始探索面向游客的 A 级景区、主题公园和文化娱乐场所向市民开放，通过旅游带动城市化水平的提升，桂林引入万达城项目，丽江、黄山的"游客消费带动本地休闲"发展模式就是类似的探索努力。

旅游部门的监管也比以前更实了，不但持续抓好团队旅游以及传统的旅行社、景区、星级酒店和导游等，而且还在开放的体系中越来越把散客纳入自己的服务和监管范畴之中，以更大的政治勇气主动作为。在游客满意战略的引导下，旅游行政管理部门深知，必须以亿万游客的满意为导向才能有效证明自身存在的合法性，而且也深知旅游的事情只有主动融入城市发展的总体战略，融入党委政府的统一框架中，才能够得到根本的转变和发展。2013 年，《中华人民共和国旅游法》正式实施后，全国旅游系统针对广大游客反映强烈的热点、难点问题进行了务实有效的改进，使面向游客的公共服务体系不断完善、商业服务水平持续提升。2014 年第三季度，旅游服务、旅游公共服务、旅游环境等满意度指数均有所上升。"食住行游购娱"等旅游服务满意度指数为 75.98，处于"基本满意"水平，同比上升 3.48，环比上升 3.35，达到我国《质量发展纲要（2011—2020 年）》提出 2015 年生活性服务业顾客满意度指数达到 75 以上的发展目标。团队游客满意度指数更是大幅度上升，2014 年为 74.11，首次高于国内散客满意度，其中团队游客对"食住行游购娱"等旅游总体服务的满意度指数为 75.28，同比上升 2.29，是自 2010 年全国游客满意度指数发布以来最高，处于"基本满意"水平。团队游客对旅行社的满意度也创下新高，指数为 73.26，同比上升 0.67。在各目的地城市中，实际上也涌现出一批批为游客满意而拼搏的旅游局长。2014 年无锡市旅游局局长蒋蕴洁亲身体验"一日游"导游，实际体验"一日游"过程中的问题，并逐步完善了"旅游投诉求助 10 分钟到现场"的工作机制。在全市所有旅游企业，包括景区、旅游购物商店、旅游星级饭店、旅行社，以及车站、机场、码头等游客集中的场所，配备了 202 个旅游质监工作点和 335 名质监工作负责人。2014 年，无锡市的全国游客满意度指数名列第一。

　　作为一名长期旅行的游客，不但能够感受到来自政府和旅游行政管理部门的努力，而且随着社会的不断进步，也越来越能够感受到各行各业的努力。现在许多公共空间的厕所开始自觉提供手纸和盥洗设备、禁止吸烟和乱写乱画，甚至有些公共厕所还提供了马桶座垫纸。如果留心一下，我们也会发现越来越多的机场、火车站、汽车站等人流较大的场所开始降低餐饮和购物的价格，并开始免费向旅客提供饮用水、纸杯、报纸、电话、WIFI、儿童乐园，甚至是母婴室、哺乳室以及残疾人通道和相关服务，实际上这是多么让人感到温暖的服务啊。还有一些旅游城市专门开通了旅游观光专线，而且配备了观光车和夜班车。我们知道，普通民众到目的地旅游，尤其是到城市旅游，越来越多地通过公共交通和公共设施来游览和生活。把航班、列车、长途客车与城市的地铁、公交和出租车无缝对接起来，就是实实在在地为提升游客满意而努力。我们看到，虽然还有很多游客从机场、火车站和长途客运站出来时，无法搭乘到快捷的本地交通工具，但是这一情况正在被改变。

　　在社会进步的过程中，各行业的服务品质也在不断提升。2013 年春运期间，青岛火车站在全国率先开设了首个"旅客抱怨中心"，值班人员会 24 小时倾听旅客诉求，接受乘客抱怨，成了名副其实的"出气筒"。春运确实是对交通运输部门服务效率和水平的一次考验，人性化、高效率、真诚的客运服务，能最大限度地化解乘客的紧张和抱怨情绪，这种情绪上的疏导与客流的疏导同样可贵。"旅客抱怨中心"倾听乘客的诉求，既是乘客的"出气筒"，又是乘客的"温情港湾"。在平复情绪以后，工作人员为乘客提供周全的服务，想办法、出主意，从而"照亮"乘客回家的心情。忙碌的春运之时，车站的亲情服务比平时更加重要。据青岛火车站的孙站长讲，"旅客抱怨中心"光是电话就打坏了两部。这也足见乘客的诉求是多么强烈。从某种意

义上讲，设立"旅客抱怨中心"也能产生心理暗示效应。每当乘客看到这个中心的招牌时，心中也升腾起对车站细心服务的认可，"旅客抱怨中心"传递着一种服务的正能量，无形之中可以化解乘客心中的一些不悦，从而使旅客带着一种积极的心态踏上回家的旅程。"旅客抱怨中心"彰显车站客运服务的智慧，它想乘客之所想、急乘客之所急，所以应该给"旅客抱怨中心"的设立来一点掌声。网友"摇椅时光"评论道："至少抱怨之后，心情会舒畅很多哦！支持支持，不管怎么样，初衷是好的。"我们衷心地希望，政府以及各行各业都能够以普通群众的满意为导向，发自内心地为生活在这片土地上的父老兄弟提供理应得到的服务，当然，民众也能看见来自于党委政府以及各行各业的努力。

三、现代城市的宽容、包容与共享

城市旅游服务质量的提升，是一个长期发展的演化过程。有些服务质量问题可以靠短期的运动和部门的努力来实现，但大量的实际工作可能是长期的、需要综合协调的。要使游客评价达到一个令人满意的稳定水平，取决于包括基础设施建设、公共服务和专业运营体系在内的城市综合环境的改善，还包括城市总体文明程度的提升，从这个意义上说，城市旅游服务质量的提升是慢不得，但是更急不得的事情。慢不得是需要政府动手解决那些群众反映强烈、着手即可见效的问题。急不得，就要求我们客观把握旅游经济运行发展的基本规律，深入了解和分析影响游客和当地群众满意度方方面面因素，通过党委、政府的重视和全社会动员，真正把政府意志转化为全民共识。譬如巴黎的埃菲尔铁塔已经建成了一百多年，但是每天仍然有大量的市民和游客在铁塔及附近的广场聚集，并不是因为埃菲尔铁塔的外观有了什么新变化，而是因为铁塔周边的文化展示、行为艺术、餐饮美食，甚至游行示威活动每天都有新的主题，即使是流浪乞讨者也不能简单地趴在地上，而必须展示一两门"绝技"。正是这些居民自发的丰富多彩的社会活动，赋予了这座铁塔鲜活的生命，你永远不知道明天的埃菲尔铁塔会像什么样子。城市旅游的发展与演化过程，并不仅仅是高楼大厦的建设，同时也是整个城市社会生态的发展与演化过程。

一方面，我们认可每座城市都有其自身的演化过程和独特的性质，但另一方面我们也认为每座城市应该具有一个普遍的宽容、包容以及共享的精神。国内很多城市政府规定市中心的地标性景点或广场附近不让摆摊设点，甚至不让停靠出租车，随时有武警盘查站岗。这让人想起了一个笑话，有一个网友画了一幅"城管来了"之后的《清明上河图》，北宋都城开封宽阔的大街上已经变得空空荡荡，只剩下一地鸡毛。这让我们在苦笑的同时也不禁反思，现代的城市管理理念是否还不如北宋？政府应抛开管理者的心态，更为细致地为提升游客的满意度服务，并将这种服务意识转化为全社会的共识。毕竟，当游客拨通市长热线时，他们希望得到耐心地倾听，并务实解决他们的问题，而不是"不归我们管"。

以体验为导向的深度旅游越来越强调游客行为与市民空间的亲密接触与融合发展，游客的满意和市民的幸福是有机统一的，而不是相互割裂的。为此，应提倡城市管理者努力建设当地百姓安居乐业、异地游客共享的生活空间。只有在一个包容的友好氛围里，游客才能放下烦恼和疲惫，轻松地融入城市并成为其中一员。包容，体现在这些点滴细节之间，不仅是残疾人，还有街头艺人、流浪汉，甚至乞丐，都是城市的一员，他们有权力要求城市以更加包容的心态善待他们。刚到国外时发现外国残疾人真多啊，每次坐公交车都要等上几分钟以便司机固定轮椅，博物馆、超市、地铁随处可见残疾人的标志。时间待久了才发现，外国的残疾人并不比中国多，只不过他们都上街了。如果说以前我们把房前屋后打扫干干净净那是为了迎接客人，那么现在同样把房前屋后打扫得干干净净则是因为主人和客人的共同需要，因为毕竟主客也都生活在同一个地球和世界。

第八章

旅游权利的国际扩展

让人类在大地上更加自由、更有尊严地行走，是包括中国在内的全人类共同的旅游梦想。随着中国公民出国旅游市场的持续增长，如何保证游客在海外目的地也能够享受高品质的旅游服务和异地生活体验，推动国际旅游持续繁荣与发展，是各国各地区政府部门、商业机构和社会各界的共同责任。

■ 一、出境旅游的兴起与常态化发展

在新中国成立后的很长一段时间里，甚至在改革开放以后，以创汇为导向的入境旅游发展阶段，中国公民的出境旅游都是受到严格控制和有效监管的。1983 年 11 月，为了方便港澳眷属探亲访友，由广东省旅游公司在广东省内试行组织"赴港探亲旅行团"，可以视为我国出境旅游发展的破冰之旅。1984 年 3 月，国务院批准由中旅总社委托各地中旅社承办归侨、侨眷和港澳台眷属赴港澳地区探亲旅游，从此我国正式开展了"港澳探亲游"业务。由于当时的"港澳探亲游"必须有境外亲戚支付费用作为担保，名额也严格限制，所以出境旅游市场一直没有形成规模。1990 年，随着我国对外开放的扩大、国际国内旅游业的发展和人民生活质量的提高，原有的港澳游已经不能满足人民群众日益增长的旅游需求，国家旅游局因势利导发布了《关于组织我国公民赴东南亚三国旅游的暂行管理办法》，开放了新加坡、马来西亚、泰国为我国公民出国探亲旅游目的地，被人们简称为"新马泰"。1997

年，国务院颁布《中国公民自费出国旅游管理暂行办法》，简称 ADS（Approved Destination Status）政策，这一政策以双边旅游协定为基础，准许中国自费游客以团队的形式，凭借特殊签证赴对方国家或地区旅游。ADS 政策的本质是与我国政治经济形势相适应的旅游进口管制的制度安排，它包含了三个方面的限制：中国公民只能到政府批准的旅游目的地国家与地区旅游；中国游客到访 ADS 国家和地区必须以旅游团队的形式进行；从事中国公民出境旅游业务的旅行社必须是经中国与目的地国家和地区政府核准的旅行社。近年来实施的"自由行"与"个人游"实际上只是作为 ADS 基础上更加灵活的政策设计，目前仅面向中国香港、中国澳门和中国台湾地区。

2000 年以前，正式实施 ADS 旅游目的地只有 9 个，出境旅游人次不足 1000 万人次，这一时期的旅游形式也主要是以团队观光为主，经典的旅游产品是"新马泰 + 港澳"、"欧洲七天十国游"等类似的"串烧游"。2000 年以后，出境旅游管制开始有序放开。现在，出境游客的足迹已经遍布世界各个角落，虽然亚洲、澳洲、欧洲和北美仍然是最热门的出境地区，但是以色列、塔希提岛、哥斯达黎加、塞舌尔等这样一些相对冷门的地区也正在成为中国游客的现实选择。据南极旅游组织协会（IAATO）统计，中国赴南极游的人数从 2008 年的不到 100 人升至 2013 年的 2328 人，6 年间翻了 20 倍，占全球市场的 10%。目前，在中国出境旅游市场上，虽然团队观光仍是主流，但是最受欢迎的还是各类自由行、全景游和深度游产品。换句话说，我国的出境旅游正在从早期走一走、看一看转向短期异地生活方式的体验，游客的关注已经不仅仅局限于独特的、地标性的景观和海外购物，开始更多地介入到目的地的日常生活环境和公共空间中。

■ 二、出境旅游权利的保障亟待完善

作为大众旅游发展初级阶段的出境旅游市场，由于发展时间短、数量大、增长快等特点，不可避免地在发展过程中存在一些问题，并不同程度地影响和制约国民旅游权利在海外的实现。

1. 购物消费严重挤压旅游体验

当前，我国出境游的购物消费比重远远大于旅游服务消费，许多游客的购物清单不但包括 LV、GUCCI、珠宝、红酒、劳力士、时装、香水、化妆品、智能手机等奢侈品，而且还包括电饭煲、马桶盖、奶粉、巧克力和药品等日常生活用品。境外旅游运营商、目的地营销机构则针对中国游客的消费特点，在旅游行程中大量安排免税店、品牌商场、专卖店、奥特莱斯、工厂店、离境退税店等形式的购物，中国游客被境外媒体一方面被称为"会行走的钱包"，另一方面则被称为"蝗虫式"购物人群。少数目的地国家和地区还以双重标准接待中国游客，甚至只推销旅游购物消费。此外，在发放签证的过程中设置或明或暗的各种门槛，譬如在银行存款最低标准、近期动态收入水平、拥有房产等方面从严规定，使得消费能力成为许多目的地是否准许入境的硬性评判指标。这既与现代社会假定人心向善的立法基础不符，更与《世界人权宣言》第十三条"人人有权离开任何国家，包括其本国在内，并有权返回他的国家"以及《马尼拉世界旅游宣言》"在旅游领域努力进行国际合作的过程中，各国人民的特性及基本利益必须得以尊重"的相关精神相悖离。除少数购物场所出于直接的经济动机配套了针对中国游客的服务外，其他行业包括整个境外旅游目的地还缺乏方便中国人旅游的环境，如中文导游、银联刷卡、中餐服务、中文影视、中文导航等等，甚至想在酒店内喝杯热茶都很困难。一些马尔代夫的度假酒店为了防止中国游客泡面而取消了客房内热水壶的配备。影视编剧宁财神发微博称："每次去马尔代夫，必须带几样救命：方便面，榨菜，阿香婆。"目的地国家和地区不能仅仅关注游客的滞留不归、不文明行为以及购物消费，而应该更多地为中国游客创造更便利的进入条件，提供更高的服务品质。

2. 旅游权利的不平等

近年来，随着出境旅游的迅速发展，负面评价也与日俱增，甚至一些国家和地区出现了对中国游客的歧视现象，"没文化"、"老土"、"暴发户"、"喜欢炫耀的土豪"、"说话声音大的大喇叭"等贬义词汇不断出现在各类媒体上，甚至买几罐奶粉也要面临被判刑的危险。在日常的观光游览过程中，无论是公共服务还是商业接待服务，中国游客所能够享受到的服务品质还有诸多不那么令人满意的地方，一些基本的旅游权利还没有得到应有的保障。譬如团队游客面临的强迫购物和消费欺诈已经成为出境旅游投诉的主要问题。根据 2013 年以来的数据，出境游投诉数量大幅增加，泰国游投诉尤为突出。即使在经济社会比较发达的欧洲，游客也会面临着抢劫、绑架、偷盗等人身和财产安全问题。

3. 话语权没有得到应有的提升

中国出境旅游市场的持续快速增长，为世界旅游经济稳定发展做出了积极贡献，但是在向全世界派发"旅游红包"的同时，我们在世界旅游发展体系中的话语权并未随之相应提升。在俄罗斯、西欧和北欧等目的地国家时有发生的针对中国游客的抢夺和偷盗，往往难以得到当地政府的有效解决，游客除了回国投诉组团社以外，再无其他申诉渠道，话语权积弱可见一斑。时至今日，我国既没有发起成立重要的国际性旅游组织，也没有牵头制定过重要的国际旅游宣言，而且在主要国际旅游组织中中国的话语权并没有得到有效体现。譬如世界旅游及旅行理事会（WTTC）的21 名常务执行理事中仅 1 名中国籍成员，在亚太旅游协会会员中的占比仅为 8.6%。可以说，我国在旅游国际化当中更多的是在接受和适应由发达国家制定的游戏规则，在多边关系中缺乏彰显国家意志的平台与工作抓手。

4. 面向中国游客的公共服务环境有待改善

随着出境旅游的大众化发展，游客越来越多地选择以自主、自助和自组织的方式安排自己的行程，借助目的地国家和地区的公共服务来完成自己的旅游活动。然而，许多主要目的地国家和地区面向中国游客的人性化服务，特别是中文接待环境如中文旅游网站、中文电视台、中文报纸、中文标识、中文咨询、中文电子导航等都比较缺乏，这与散客化发展的大趋势不相称。在简化签证手续、缩短通关时间、减少签证费用、旅游保险和救援、科技应用以及手机上网、汽车租赁，甚至是插座转换等一些点滴细节上还存在较大的努力空间。

随着出境旅游的常态化发展，一个散客化的出境旅游市场正在到来，如何以游客满意战略的国际扩展来解决大众化、散客化出境旅游所面临的种种问题，已经成为当今国际旅游合作中迫切需要解决的重大课题。

三、出境游客满意度的调查与应用

2009—2012 年，中国旅游研究院对中国游客出境游目的地满意度进行随机的小样本调查。2013 年开始，受国家旅游局的委托，我们对出境游客满意度进行专项调研和目的地国家的满意度排名。在调查、汇总、统计、分析境外目的地市场环境和公共服务水平的基础上，课题组长期地跟踪、系统分析制约游客满意度的主要因素，定期公布调查结果，为主要目的地国家的旅游质量提升战略提供可资借鉴的中国经验。2013 年以来对 27 个主要目的地国家进行专题调查，并按季度发布调查结果，翻译并向国际媒体和境外研究机构传播，已经形成了较大的社会影响力，为获取旅游领域的国际话语权奠定了坚实的大数据支撑。

从调查结果来看，中国出国游客总体上是基本满意的。2013—2014 年，中国出国游客满意度指数各季度都持续稳定在 75 以上的"基本满意"水平，对国外目的地的综合指标感受良好。游客对国外目的地的城市形象、城市建设、城市管理、公共行业服务和旅游行业服务的平均满意度指数分别为 81.90、80.95、80.12、80.74、79.81，基本上都处于满意水平。调查还显示，游客最为期待的是中文服务、安全感和旅游投诉满意度的有效提升，包括中文旅游指南、酒店中餐厅、中文电视节目、中文网站、中文客房等服务和中国银联、网络支付平台都是游客需求频率比较高的服务项目。

从被调查的国外目的地国家来看，第一方阵包括 80 以上"满意水平"的加拿大、新西兰、新加坡、法国、英国、澳大利亚。其中，新加坡在整个调研监测时间里都是高度关注、快速回应并取得满意度指数稳步提升的，2014 年更是稳居在前三名。无论是行前的目的地形象和服务水平的预期，还是现场感知的公共交通、公共服务质量、景区景点、购物、住宿、餐饮、文化娱乐及外方旅行社服务，新加坡一直都是中国游客用以评价目的地的标杆国家之一，多数受访游客有重游意愿并愿意向亲朋好友推荐。英国对中国游客推出了上门签证服务、取消团体游客过境签证等政策，法国缩短签证时间、增加景区警力保护等政策和旅游业界增加中国特色餐饮服务等举措，都获得出境游客的高度认同。

第二方阵包括处于 75～80 "基本满意"水平的美国、西班牙、意大利、日本、德国、韩国、泰国、阿根廷、南非、马来西亚、俄罗斯、菲律宾、巴西、印度尼西亚、柬埔寨。2014 年，赴意大利的中国游客满意度也有大幅提升，这与意大利政府和中国旅游研究院等机构共同推进"欢迎中国"发布会有一定关系，中国研究院联合旅游服务质量认证机构开展的"欢迎中国"项目是"为中国游客定制"的服务标准体系，通过与国外目的地的住宿、餐饮、购物、交通、主题公园等商业机构通力合作，帮助国外商家满足中国游客的核心诉求，意大利罗马机场、意大利新旅客运输公司等机构还获得了"欢迎中国"的认证证书。

仅有三个国家的满意度指数处于 75 以下的第三方阵，包括越南、印度、蒙古。从游客的具体评论可以发现，游客反映比较突出的问题包括中文服务、中文标志、安全感和特色文化方面，例如去蒙古完全感受不到它的特色文化氛围，很多西化的文字完全代替了它原有的一些传统的马头文。

以加拿大、法国、新西兰、新加坡和西班牙为代表的目的地国家获得了中国游客较高的满意度评价的同时，出境游客对国际旅游目的地的中文接待环境、中餐、导游、电视、报纸、网络等中文资讯，以及居民的包容度等方面还有颇多抱怨之处。从近期数据来看，由于民航安全、恐怖袭击和接待设施不尽完善等方面的原因，游客到访最多的周边国家如马来西亚、菲律宾、印度尼西亚、柬埔寨、越南等，满意度呈下降趋势。也有游客反映他们对享受到的服务品质不尽满意，甚至一些基本的旅游权益还没有得到应有的保障，比如中国游客在巴黎遭遇抢劫时面临的人身和财产安全等问题。相对于城市整洁和环境的美丽，社区居民似乎对游客还不够友好。签证过程的烦琐与复杂、客源地与目的地的信息不对称、出境游客安全与品质保障、跨国旅游公共服务体系的构建、双边和多边的联合促销以及跨国旅游区的合作规划与开发等等都还存在可发展的空间。

虽然购物是出境旅游的重要动机，但是游客对中国香港、法国、英国等购物胜地的满意度评价并不理想，而对于西班牙、马来西亚、俄罗斯和德国等在景区建设和旅游服务供给上较为领先的目的地，满意度相对较高。这充分说明了，越来越多的出境游客注重的是能否在目的地获得优质的旅游体验，而不仅仅是旅游购物方面的满载而归。对于所有目的地国家和地区来说，必须重视来自中国游客的消费评价，他们的声音才是未来市场繁荣的稳定保障。

课题组每季度将调查总报告、新闻稿和目的地报告翻译成英文，向境外媒体发送，同时作为与国际旅游机构交流的重要材料。近年来，出国游客满意度调查已进

入国际主流媒体视野。2013 年以来,《华尔街日报》、《联合早报》、美国 CNBC 电视台等国际主流媒体分别以"中国游客最爱去哪儿旅游?""中国游客最满意境外胜地——新加坡第五名"为题发布有关消息。韩国、泰国、巴基斯坦等亚洲地区,美国、英国、澳大利亚、南非为代表的四大洲地区的权威媒体也给予了充分的关注。加拿大驻华大使馆根据 2013 年中国公民出国旅游满意度调查报告,举办了"No.1"的 2014 年度主题活动。

为用好调查成果,使之在出境游客的权利保障和促进世界旅游业发展质量提升方面发挥更大的作用,课题组充分借鉴全国游客满意度课题的工作机制,定期公布游客目的地满意度排名。通过驻外办事处与所在目的地的主流媒体建立定期发布机制,向目的地国家和地区的使领馆、旅游推广机构等派发满意度排名和研究报告,并定期组织境内外旅游行政、旅游经营机构与旅游研究机构召开中国出境旅游满意度研讨会。推动外交部、商务部、旅游局等政府部门,中国国际贸易促进委员会等行业组织,以及上海经济合作组织、中国—东盟中心等国际组织在设置双边和多边议题时将出境旅游满意度调查结果作为国家对外宣传与国际交往中的重要内容。重点推动旅游行政主管部门和研究机构在各类外事活动中多用、敢用满意度调查的结果,主动代言中国游客的利益,鼓励旅游协会和旅游企业在国际合作和各类国际会议中要充分利用调研结果,作为项目谈判的要价或筹码之一。建立与目的地国家和地区的游客满意度会商机制,推动将游客满意议题纳入与各 ADS 协议国家和地区的旅游磋商和各种形式的旅游合作当中。与目的地国家和地区的相关机构开展联合调研,共同就行政与商业救援机制共建、服务标准体系制定进行深度对接,特别是在监管工作机制、投诉处理机制、标准化应用和游客宣传引导机制上形成互动,有效保障游客权益,全面提升中国游客的满意度水平。随着出国游客满意度调查不断深入,中央政府特别是旅游行政主管部门应进一步重视该项工作,使之成为国际旅游合作中我国话语权提升的重要支撑。在高层领导会见各国旅游代表团时,将有关信息作为正式的通报内容,以此阐明中方诉求。推动联合国世界旅游组织(UNWTO)、世界旅游及旅行理事会(WTTC)、世界经济论坛(WEF)等国际组织开展更加广泛的专项调查和国际比较,形成新时期以游客为中心、以品质为导向的国际发展新理念。

四、提升游客满意度应成为世界旅游发展的战略导向

近年来越来越多的国家开始加大对中国市场的促销和宣传力度，为吸引中国游客提供更多的便利化措施，美国总统奥巴马在北京参加 APEC 会议期间表示，美方将于 2014 年 11 月 12 日起实施对华颁发有效期最长为 10 年的多次入境旅游签证。其他主要目的地国家和地区，如日本、澳大利亚、韩国、加拿大、新西兰、俄罗斯和东盟等随之跟进，大幅放宽了对我国公民申请的个人游签证条件。目前，中国已经与 80 多个国家和地区签署了有关互免签证的协定，其中塞舌尔、塞班岛等 6 个国家与地区对中国公民实现单方面免签，泰国、马尔代夫等 35 个国家和地区对中国公民实行落地签证。我们还欣喜地看到，意大利、希腊、加拿大、韩国和美国等不断完善景区景点的中文解说版本，增加酒店和餐馆的中餐供应，加大中文导游的招收和培训工作。喜达屋集团实施了一项名为"个人游服务"的计划，通过提供白粥、翻译以及开通中文频道等改善面向中国游客的专属服务。今天，不仅酒店、餐饮、主题公园、航空公司等典型的旅游接待机构，而且零售百货、奢侈品牌、信用卡、电视、报纸、网络等相关商业机构以及更多的战略和风险投资者开始越来越多地关注与中国游客有关的话题。

为了积极推动把游客满意作为世界旅游发展的战略导向，以下几个方面应当是在实际工作中加以重点把握的。

1. 推动中方与境外目的地建立务实有效的旅游合作框架与协调机制

国际旅游合作障碍的消除，需要各国政府、产业界和学术界的共同推动。只有在共识的基础上通力合作，才能够逐渐解决共同面临的现实问题。要以政府机构为主体，广泛团结境外目的地国家旅游产业界和学术界的力量，共同推动以自由行为目标的民众往来政策的研究和制定，着力改善为彼此到访的游客提供的接待环境和服务品质。积极参与旅游领域国际标准和议事规则制定，稳步在世界旅游组织（UNWTO）、世界旅游及旅行理事会（WTTC）和亚太旅游协会（PATA）等世界主要旅游组织中发挥主导作用。在世界遗产、地质公园、世界记忆名录等领域寻求切入

点，积极参与包括 ADS 在内的各种国际框架下的多边和双边谈判与会议，以及以中国旅游为主题的论坛和研讨会。目标就是一个，千方百计提升中国旅游业的话语权和影响力。力争将旅游议题固化在重要的对外磋商、政策审议、要情通报和咨询服务中。积极构建世界旅游经济预警、安全预警和突发事件紧急处置机制，与重要客源地和目的地建立满意度调查报告交换和定期评估机制。

2. 推动国际组织尤其是世界旅游组织把游客满意作为新时期国际旅游发展的新理念

目前，游客满意度调查已经引起了国内外各方的关注，而且也在解决旅游发展方式和工作方式的具体转变上作出了应有贡献。2011 年，世界旅游组织还授予全国游客满意度调查项目尤利西斯奖。把游客满意理论和政府战略融入更加广泛的国际旅游合作领域和国际旅游新秩序的构建中的时机已经成熟，条件已经具备。游说成员国和秘书处把游客满意纳入世界性旅游工作的基础共识和常规议题中去，推动世界旅游组织（UNWTO）和世界旅游及旅行理事会（WTTC）等国际组织形成以游客满意为导向的国际旅游发展新理念，在国际旅游框架内以游客满意为核心解决诸如签证、航空、边检、洲际直航、代码共享、行李直挂、空海联运等一系列问题。

3. 充分利用游客满意度来提升我国旅游外交的软实力和国际影响力

在与目的地国家和地区定期开展的 ADS 执行情况评估过程中，利用游客满意度作为对话基础和伦理制高点，推动人文领域的交流与合作，将放开中文卫星电视频道落地、更宽松的中文图书报刊进口政策、更为完善的中文接待环境等内容纳入开放和中国公民出境旅游的要价清单。在中国与拉美、非洲等国家的国际交流和合作中，以游客满意为载体的市场合作可以有效回击"新殖民主义"的指控，形成"更加活跃和更具实质内容"的深度融合，从而获取有关国家组织、政府和民众更多的认同与支持，为国家软实力的提升起到"润物细无声"的作用。

4. 本着互利互惠的原则振兴入境旅游市场

游客满意不单单是指本国民众的满意，还包括世界各国各地区到访游客的满意。目前，同我国签署"团体旅游"互免签证协议的国家仅有俄罗斯、白俄罗斯、格鲁吉亚、阿塞拜疆、摩尔多瓦、土库曼斯坦等 6 个国家，而且我国仅对 3 个国家（日本、新加坡、文莱）的游客实施入境免签 15 天待遇，对 1 个国家（圣马力诺共和国）游客实施入境免签 90 天待遇。国际旅游竞争已经从狭义的旅游资源、旅游产品、旅游形象和旅游组织体系之间的竞争转向广义的社会环境、国家形象和客源流动多元化组织方式的竞争。如果还是延续入境旅游时期"创汇导向、政府主导、团队操作、观光为主"的传统运行模式，通过旅游交易会、专题推广活动和媒体广告投放等传统的宣传推广形式来展开竞争，将严重制约入境旅游市场的振兴和国际旅游竞争力的提升。以全球视野把握国际旅游的发展趋势和阶段特征，从"以我为主"转向"以客为主"，通过第三方的游客满意度调查和评价科学谋划新时期的入境旅游发展，着力培育游客和市民共享的现代化生活空间，让不同国家和地区的游客来到中国能够切实感受到"旅行有尊严，消费有品质，生活有温暖"。尽快启动地方旅游的国际知名度动态监测和品牌价值评估项目，着手构建国家、地方和企业层面的入境旅游推广绩效综合考核机制。"金杯银杯不如老百姓的口碑"，只有游客满意了，发自内心地喜欢一个国家、一个地区、一座城市，中国和世界旅游的繁荣才真正符合当代旅游发展伦理，才能促进旅游的可持续发展。

结　语

对于游客满意的思考，可以说是"十年磨一剑"。本书只能代表全国游客满意度调查实施以来的一个阶段性总结。在人民对美好生活的向往已经成为政府意志和国家战略的今天，游客满意注定是一个需要长期深入讨论的话题。在与国家战略、各级地方政府、境外旅游目的地国家和产学研各界的互动过程中，我们发现了游客满意这一关于国家旅游发展战略的理论主题和现实课题。在政府主管部门和社会各界的大力支持下，经过课题组全体同志的共同努力，成功地把一项象牙塔内的学术研究转化为当代旅游实践的指导思想和工作机制。

基于艰苦的理论抽象和实践检验，我们逐渐形成了"旅游是一种短期异地的生活方式"、"旅游是目的地生活环境的总和"、"旅游体验：走在差异与相似之间"、"城市与旅游的融合发展"等一系列指导当代旅游发展实践的重要命题。在持续的理论构建中，我们更加全面地认清了游客满意的前世今生，认清了游客满意是历史发展和理论演进的必然结果。在对中外顾客满意理论和游客满意理论的研究中，我们立足具体国情和大众旅游的阶段特征，特别是实践检验的要求，从样本选择、指标组成和模型构建上进行创新，初步确立了具有中国特色的游客满意度调查和评价体系。我们遵循从实践中来，到实践中去的基本路径，通过实践而非数学模型的拟合来验证这一重大实践的科学性和有效性。六年的实践表明，国家战略视角下的游客满意理论经受住了方方面面的考验和评价，还在实践的过程中积累了大量值得肯定和大力推广的经验与做法。郑州、成都、泰安、延安、苏州、无锡、黄山等城市的成功经验证明了只要政府高度重视游客满意，精心培育游客和市民共享的生活空间，不断完善商业体系和公共服务，就一定能够有效地提升城市的旅游竞争力。来自理论界和产业界的检验，更加坚定了我们为游客代言的学术立场，更加坚定了旅游学术共同体为普通民众旅游权利和旅游福祉而奋斗的理论自信和实践勇气。当我们每次走在大街上经过熙熙攘攘的人群，内心就不自觉地升起一种愿望，无论如何都要为这片土地上父老兄弟提供更多的旅行自由和更高的服务品质。

理论总归要回到实践中才能实现其应有的价值，学术理论和发展思想应实实在在地促进旅游产业的发展、旅游权利的实现，还有民众生活的幸福。到目前为止，游客满意已经成为新时期旅游管理体制和发展方式改革、创新和发展的重要工作抓手，成为新时期我国外交政策中的一大亮点，成为一个既能解释新世界又能改造新世界的理论工具，为新时期的当代旅游发展理论提供了新的视角和研究基础。在此过程中，我们经历理论探索的艰辛，承担实践应用的巨大压力，但是我们别无选择。"衙斋卧听萧萧竹，疑是民间疾苦声"，有人可以选择在象牙塔内度过自己的一生，但也会有人选择在改造世界和创造历史的过程中快意人生，还是那句话，"你怎么信仰你就怎么生活"。我们构建当代旅游发展理论体系的脚步不会停止，游客满意论之外的市场主体论和宏观调控论等理论构建已经在孕育中。真诚地希望能够有越来越多的学术界、产业界、各级政府、广大民众甚至是国际友人与我们同行。

在理论创新和实践总结的过程中，我们借鉴和吸收了诸多学科和众多学者的观点，以及课题组过去六年的数百万字的研究报告，能够标注的我们都已经做了说明，可能仍然会挂一漏万。在构建当代旅游发展理论体系的时候，我们明显地感觉到每一本书、每一份材料和每一次对话都是、又不是理论建构所需要的，只能从中吸收养分而不能吸收结构，也就是说必须按照自己对旅游的理解对材料和知识进行重新排列组合。如同打乱基因重新排列才能塑造一个新的生命体一样，也唯有如此才能够真正建立属于旅游自己的学科范式。理论探索和学术思路的形成可以广泛地吸收各个学科的营养和知识，但是必须按照自己的逻辑过程和知识体系，扎根游客短期异地的生活世界进行重构，否则很容易滑落到经济学、社会学、心理学、地理学、哲学等传统学科的丛林中去。在探索包括游客满意在内的当代旅游发展理论的伟大进程中，除了纯真的理想、奋斗的决心和牺牲的勇气，我们什么也没有。

参考文献

[1]（法）埃米尔·迪尔凯姆著.自杀论 [M].冯韵文译.北京：商务印书馆，1996 年版.

[2] 陈旭.IPA 分析法的修正及其在游客满意度研究的应用 [J].旅游学刊，2013，28（11）：59-66.

[3] 戴斌.旅游中的经济现象与经济学视角下的旅游活动 [J].旅游学刊，2001，16（4）：22-26.

[4] 戴斌.现代饭店集团研究 [M].北京：中国致公出版社，1998 年版.

[5] 戴斌.中国国有饭店的转型与变革研究 [M].北京：旅游教育出版社，2003 年版.

[6] 戴斌.国有饭店产业重组与集团化管理 [M].天津：南开大学出版社，2006 年版.

[7] 戴斌等.中国度假饭店市场环境与产业成长战略 [M].北京：旅游教育出版社，2008 年版.

[8] 戴斌，束菊萍.经济型饭店：国际经验与中国的实践 [M].北京：旅游教育出版社，2007 年版.

[9] 戴斌等.中国旅游经济监测与预警研究 [M].北京：旅游教育出版社，2013 年版.

[10] 戴斌.北京市非传统旅游资源与产业成长研究 [M].北京：旅游教育出版社，2009 年版.

[11] 戴斌.国民旅游休闲讲稿（一）[M].北京：旅游教育出版社，2014 年版.

[12] 戴斌，李仲广，何琼峰，夏少颜.游客满意：国家战略视角下的理论建构与实践进路 [J].旅游学刊，2014，29（7）：15-22.

[13] 赫伯特·西蒙.管理行为 [M].北京：机械工业出版社，2004 年版.

[14]（美）丹尼尔·卡尼曼著.思考，快与慢 [M].胡晓姣，李爱民，何梦莹译.北京：中信出版社，2012 年版.

[15] 丹尼斯·吉尔伯特，约瑟夫·卡尔著.美国阶级结构 [M].彭华民，齐善鸿译.北京：中国社会科学出版社，1992 年.

[16] 费孝通著.刘豪兴编.江村经济 [M].上海：上海人民出版社，2006 年版.

[17]（美）凡勃伦著.有闲阶级论 [M].蔡受百译.北京：商务印书馆，1964 年版.

[18]（德）胡塞尔著.欧洲科学的危机与超越论的现象学 [M].王炳文译.北京：商务印书馆，2001 年版.

[19] 何琼峰.旅游地服务质量：时空特征、影响因素及提升对策 [M].北京：旅游教育出版社，2014

年版.

[20] 何琼峰. 中国国内游客满意度的内在机理和时空特征 [J]. 旅游学刊, 2011, 26（9）: 45-52.

[21] 何琼峰. 沿海城市游客满意度的内在机制及提升战略 [J]. 旅游科学, 2012, 26（5）: 65-75.

[22] 何琼峰, 李仲广. 基于入境游客感知的中国旅游服务质量演进特征和影响机制 [J]. 人文地理, 2014（1）: 154-160.

[23] 何琼峰. 基于扎根理论的文化遗产景区游客满意度影响因素研究 [J]. 经济地理, 2014, 34（1）: 168-173.

[24] 李长莉. 中国人的生活方式: 从传统到现代 [M]. 成都: 四川出版集团, 四川人民出版社, 2008年版.

[25] 林语堂著. 生活艺术 [M]. 越裔汉译. 西安: 陕西师范大学出版社, 2006年版.

[26]（法）卢梭著. 论人与人之间不平等的起因和基础 [M]. 李平沤译. 北京: 商务印书馆, 2007年版.

[27] 马克思恩格斯全集（第2卷和第13卷）[M]. 北京: 人民出版社, 1995年版.

[28] 申葆嘉. 论旅游是市场经济发展产物 [J]. 旅游学刊, 2008, 23（8）: 19-23.

[29] 申葆嘉. 旅游学原理——旅游运行规律研究之系统陈述 [M]. 北京: 中国旅游出版社, 2010年版.

[30] 宋海岩, 朱明芳. 基于游客满意指数的满意度动态评估——以香港为例 [J]. 中大管理研究, 2010, 7（1）: 52-66.

[31]（美）托马斯·库恩著. 科学革命的结构 [M]. 金吾伦, 胡新和译. 北京: 北京大学出版社, 2003年版.

[32] 王雅林. 生活方式研究的社会理论 [J]. 南京社会科学, 2006（9）: 8-14.

[33] 汪侠. 旅游地的主客满意度研究: 模型及实证 [M]. 天津: 南京大学出版社, 2012年版.

[34] 马姝. 西方生活方式研究理论综述 [J]. 江西社会科学, 2004（1）: 242-247.

[35] 悉尼·胡克. 历史上的英雄 [M]. 上海: 上海人民出版社, 2006年版.

[36] 谢彦君. 旅游体验研究——走向实证科学 [M]. 北京: 中国旅游出版社, 2010年版.

[37]（英）亚当·斯密著. 国民财富的性质和原因的研究 [M]. 郭大力, 王亚南译. 北京: 商务印书馆, 1972年版.

[38] 袁宗棠. 中国旅游饭店发展之路 [M]. 北京: 中国旅游出版社, 2001年版.

[39] 杨晓鹏主编. 雷铎编著. 光荣与梦想: 霍英东之梦与白天鹅之路 [M]. 北京: 中国旅游出版社, 2010年版.

[40] "游客满意度指数" 课题组. 游客满意度测评体系的构建及实证研究 [J]. 旅游学刊, 2012, 27（7）: 74-80.

[41] 中国旅游研究院. 中国区域旅游发展年度报告 2012-2013[M]. 北京: 旅游教育出版社, 2013年版.

[42] 中国旅游研究院. 红色旅游发展的延安道路 [M]. 北京: 中国旅游出版社, 2013年版.

[43] 中国旅游研究院. 旅游与城市的融合发展: 以成都为例 [M]. 北京: 中国旅游出版社, 2013年版.

[44] 中国旅游研究院. 旅游业发展的浙江模式 [M]. 北京：中国旅游出版社，2011 年版.

[45] Fornell C. A national customer satisfaction barometer：The Swedish experience[J]. *Journal of Marketing*，1992，56（1）：6-21.

[46] Fornell C，Johnson M D，et al. The American customer satisfaction index：Nature，purpose and findings[J]. *Journal of Marketing*，1996，60（4）：7-18.

[47] Grönroos C. A service quality model and its marketing implications[J]. *European Journal of Marketing*，1984，18（4）：36-44.

[48] Oliver R L. A cognitive model of the antecedents and consequences of satisfaction decisions[J]. *Journal of Marketing Research*，1980，17（4）：460-469.

[49] Pizam A. Tourism's impacts：The social costs to the destination community as perceived by its residents[J]. *Journal of Travel Research*，1978，16（4）：8-12.

全国游客满意度调查技术方案简介

　　游客满意度是游客需求实现程度的有效度量。与传统的宏观经济指标相比，满意度更侧重于从质量方面来反映经济运行状况，是度量和评价经济运行质量的有效指标之一。它能够为政府制定调控政策提供依据，有助于企业改善产品质量。对行业管理部门而言，建立基于第三方评估的游客满意度调研，有利于实现管理体制的转型。

　　本方案以游客满意度调查为基础，建立基于现场问卷、网络评论、抱怨投诉等三个层面的游客满意度指标体系，加上研究框架、研究方法、技术路线、评价体系、测量模型、调研过程控制、成果应用与推广等工作，最终形成全国游客满意度评价的基本体系，力图以此实现"提高旅游服务质量，规范旅游市场秩序，促进中国旅游企业发展"的旅游监管目标，为新时期的政府职能转型提供支持。

　　关于游客满意度调查方案涉及的理论基础、科学方法、媒体推动以及逻辑体系等内容，在书中已经多有论述，本附件补充说明调查工作的其他主要问题。

■ 一、调查方法

　　构建游客满意度多层次、多种方式的综合指数体系是一项开创性的工作。尤其是将博客研究法[①]、传统满意度指数结构模型、"神秘顾客"等多种研究方法综合应

---

　　① 香港理工大学酒店及旅游业管理学院宋海岩教授在 2009 年中国旅游科学年会发表"西方旅游研究"专题演讲时介绍的新兴研究方法。

用于游客满意度利益相关者的综合研究具有重大意义，能更加客观地反映市场状况，更加深入地解析产业矛盾。课题在设计过程中，以传统的游客满意度结构模型为基础，吸收博客研究法的基本思想，构建基于博客研究法游客评论的游客满意度评价体系。在基本思想和理论上都有对传统意义上游客满意度研究的突破。

课题研究过程中主要参考理论来源有：（1）商业服务业满意度指数测评规范（SB/T10409-2007）；（2）美国行业满意度指数ASCI及其模型；（3）博客研究法（网络评价）；（4）德国Smart PLS偏最小二乘法处理软件及美国社会学统计软件SPSS。

■■ 二、数据来源

（一）现场问卷调查

在北京、上海、广州、重庆、天津、沈阳等60个样本城市景区、酒店、机场等旅游集散地对国内游客、入境游客和出境游客进行问卷调查，采用传统定点拦截的调查方法。

（二）网络评论调查

以预订网站、专业网站、企业网站、博客、贴吧等网络信息资料为依据，调查游客关于目的地城市的回复、跟帖、微博、贴吧、游记、报道等评论信息。然后，在此基础上进行游客评论的语义判断，再进行归类分析，按照模型结构进行指数计算。目前，为实现评论的标准化，并减少研究团队的人工计算的工作量，课题组开发软件来完成网络评论数据采集和评论的语义分析。软件开发已经完成数据自动采集、分类和城市的评论语义识别的工作。

（三）抱怨投诉调查

从12315、城市曝光台、门户网络和专业的旅游投诉网站等渠道全面了解游客对目的地抱怨投诉信息。使用"神秘顾客"法明察暗访旅游质监等面向游客抱怨投诉的旅游公共服务情况。从旅游公共服务便捷程度和服务质量等方面来获得游客投诉的数量、投诉便捷性、投诉的有效性等指标。其中，重点考察的指标有：投诉程序便捷程度、投诉制度完善程度、投诉结果公示程度、投诉数量。

（四）调查周期

课题是按季度进行的，是在工作要求和理论模型的基础上，从季度性数据和信息收集整理开始，然后按照分工安排进行数据分析和计算，并按一定的框架撰写相应的调研报告，最后在共同讨论之后对外公布调查研究结果。

三、全国游客满意度指数体系

（一）综合指数

采用权重合成法，通过专家判断矩阵确定现场问卷指数、网络评论指数、抱怨投诉指数三者的权重综合而成，权重分别为 68：20：12。

城市满意度综合指数拟合过程与全国满意度综合指数拟合技术过程相同。

（二）分项指数

1. 现场问卷指数的计算

采用结构方程模型（SEM）用 SmartPLS[①] 软件进行偏最小二乘计算而得。现场问卷指数包括了国内游客指数和入境游客指数。两者权重按连续三年我国国内游客与入境游客的平均比例 90：10 计。其中，国内游客指数又分为散客指数和团队指数。

---

① 用于计算满意度结构模型（SEM）的软件有 SPSS、AMOS、LISREL 等。目前，世界上许多建立了顾客满意度指数测评模型的国家或地区大都采用偏最小二乘方法（PLS）来建立模型。LISREL 方法要求测量变量满足服从多元正态分布而且相互独立的苛刻条件，而游客满意度指数调查问卷设计的测量变量难以满足这些苛刻条件，因此综合考虑各国的经验、本研究的目的和各方面的条件限制，此处游客满意度指数基础测量模型采用 PLS 估计技术建立，建立的游客满意度 PLS 模型将借助专业的偏最小二乘软件 SmartPLS 进行处理。

两者权重根据抽样比例65：35计。第二、第三层次指标权重：潜在变量及测量变量的权重按照结构方程基础模型回归获得。

首先，计算出最末一级指标的游客满意度指数。

参照《商业服务业消费者满意度测评规范》（SB/T10409-2007），并结合国内外游客满意度评价经验，满意度指数的最末一级指标是入境、团队、散客的满意度指数。其指数的测算采用结构模型（SEM），运用 SPSS、SmartPLS 软件计算而得。第一，确定国内、入境游客满意度通径图（见附图1）；第二，进行参数估计。通过测量模型的数学方程式 $\eta = B\eta + \Gamma\xi + \zeta$[①]，将统计数据代入测量模型，运用 SmartPLS 软件计算各参数；第三，进行满意度指数计算，并对模型进行检验和评价。

其次，根据权重计算出综合指数。

游客满意度综合指数：

$$TSI = S_{国内}W_{国内} + S_{入境}W_{入境}$$

其中，

$$S_{国内} = S_{散客}W_{散客} + S_{团队}W_{团队}$$

依此类推，再根据三级指标的消费者满意度指数和权重，从而计算出二级指标的消费者满意度指数，以此，最后计算出消费者国内游客满意度综合指数。

附表1中，第二层次指标的旅游形象、游客预期、游客感知质量和游客感知价值影响游客满意度，是模型的输入变量；游客满意度、游客抱怨和游客忠诚是输出变量。按经验，输入变量决定输出变量，且游客感知质量、游客感知价值越高，则满意度越高；初始的形象越好或期望值越高，则满意度越低；游客满意度降低，会产生游客抱怨和投诉；游客满意度提高，则产生游客忠诚。

附表1　游客满意度指数（TSI）四级指标体系一览表

第一层次	第二层次（潜在变量）	第三层次（测量变量）	第四层次
游客满意度指数（TSI）	城市旅游形象 ξ	目的地旅游业形象 x_1	旅游要素测量变量的细分评价指标
		目的地整体服务水平 x_2	

---

① ξ 表示外生变量旅游形象；η 表示游客预期、游客感知质量、游客感知价值、游客满意度、游客抱怨和游客忠诚等内生变量。B、Γ 分别为 η 和 ξ 的结构系数矩阵，ζ 为结构变量模型的误差向量。

续表

第一层次	第二层次（潜在变量）	第三层次（测量变量）	第四层次
游客满意度指数（TSI）	游客预期 η_1	旅游质量的总体预期 y_1	旅游要素测量变量的细分评价指标
		旅游过程服务质量预期 y_2	
	游客感知质量 η_2	旅游交通 y_3	
		旅游餐饮 y_4	
		旅游住宿 y_5	
		旅游购物 y_6	
		旅游娱乐 y_7	
		旅游景点 y_8	
		旅行社服务（散客无此项）y_9	
		导游服务（散客无此项）y_{10}	
		旅游公共服务 y_{11}	
	游客感知价值 η_3	旅游价格是否合理 y_{12}	
		与旅游定位相比旅游质量 y_{13}	
	游客满意度 η_4	总体满意程度 y_{14}	
		与需求相比满意程度 y_{15}	
		与理想中相比的满意程度 y_{16}	
	游客抱怨 η_5	对当地旅游质量的抱怨 y_{17}	
		对旅行社的抱怨 y_{18}（散客无此项）	
		对导游的抱怨 y_{19}（散客无此项）	
		对旅游管理部门的抱怨 y_{20}	
	游客忠诚 η_6	未来重游的可能性 y_{21}	
		未来继续选择该旅行社的可能性 y_{22}（散客无此项）	
		推荐亲友到该地旅游的可能性 y_{23}	

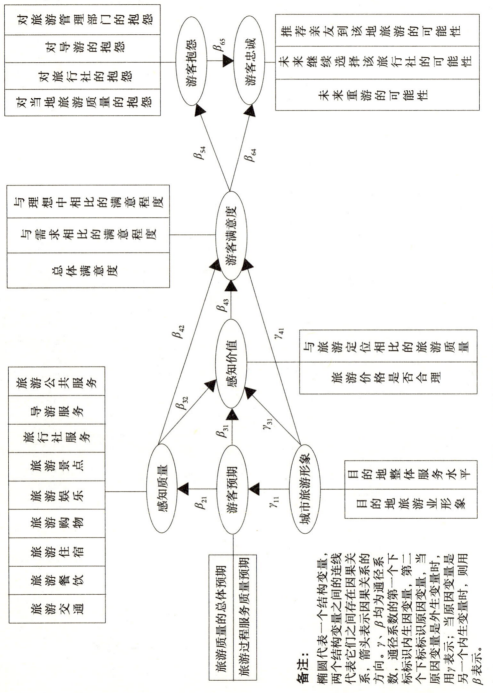

附图 1 游客满意度指数（TSI）结构模型通径图

备注：
椭圆圆代表一个结构变量，两个结构变量之间的连线代表它们之间存在因果关系，箭头表示因果关系的方向。γ、β 均为通径系数，通径系数表示原因变量对结果变量的影响。第一个下标标识原因变量，第二个下标标识结果变量。当原因变量是外生变量时，用 γ 表示；当原因变量是另一个内生变量时，则用 β 表示。

2. 网络评论指数的计算

采用三级指数游客评论的自然权重计算而得。

通过分析收集到的散客用户点评和用户评分，以真实性、客观性、不重复性为原则，对用户点评逐一进行严格的人工筛选和分析，归纳出相关点评点，从而得出游客关注项目。然后对这些游客关注项目进行层级分类，形成游客满意度指标体系，具体如附表2。

附表2　游客满意度指标体系

一级指标 X_i	二级指标 X_{ij}	三级指标 X_{ijm}	四级指标 X_{ijmn}
游客满意度	综合评价		
	回头率/推荐度		
	目的地旅游形象		
	当地居民态度		
	性价比		
	交通	性价比	
		质量	
		服务	
		总体	
	餐饮	性价比	
		质量	硬件
			卫生
			口味
			其他
		服务	
		特色	
		总体	
	住宿	性价比	
		质量	硬件
			位置
			卫生
			环境

续表

一级指标 X_i	二级指标 X_{ij}	三级指标 X_{ijm}	四级指标 X_{ijmn}
游客满意度	住宿	质量	舒适度
			其他
		服务	
		总体	
	景点	性价比	
		质量	景色
			环境
			卫生
			其他
		服务	
		特色	
		总体	
	购物	性价比	
		质量	
		服务	
		特色	
		总体	
	休闲娱乐	性价比	
		服务	
		特色	
		总体	
	旅行社	性价比	
		服务	
		总体	
	预订网络	性价比	
		服务	
		总体	
	旅游公共服务	市场秩序	
		信息服务	
		投诉机制	

注：X_{ijmn} 中的 i、j、m、n 分别指第一、二、三、四级的第 i、j、m、n 组／个指标。

首先，对每一级指标赋予权重。

各级各组各指标的权重计算方法：每一级每一组每一个指标的权重等于"消费者对该指标的关注频数（P_i）"与"消费者对该指标所在组所有指标的关注频数之和（$\sum_{i=1}^{n} P_i$）"的比例，即 $W_i = \dfrac{P_i}{\sum\limits_{i=1}^{n} P_i}$。

其次，计算各级指标的消费者满意度。

先计算出最末一级指标的消费者满意度指数：消费者对于该指标的满意度指数（$S_i j_{mn}$）为"消费者对该指标的正面评价频数（$P0_i j_{mn}$）"与"对其正、负面评价频数之和（$P_i j_{mn}$）"的百分比，即 $S_i j_{mn} = P0_i j_{mn} / P_i j_{mn} \times 100\%$。然后，根据第二步所确定的权重和第三步计算出的四级指标的消费者满意度指数，计算出各三级指标的消费者满意度指数：$S_{ijm} = S_{ijm1}W_{ijm1} + S_{ijm2}W_{ijm2} + \ldots + S_{ijmn}W_{ijmn}$。依此类推，再根据三级指标的消费者满意度指数和权重，计算出二级指标的消费者满意度指数，最后计算出消费者的满意度指数。

3. 抱怨投诉指数的计算

采用三级指数各指标的专家权重计算而得。

附表3　旅游投诉及质量监督指数指标体系

一级指标	二级指标	三级指标	数据来源
旅游服务质量	投诉程序便捷程度	搜索便捷程度	百度
		政务网便捷程度	政务网
		实际体验效果	主观评价
	投诉制度完善程度	质监所网站建设	政务网、质监网
		制度与新闻的数量	政务网、质监网
	投诉结果公示程度	公示频度	政务网、质监网
		公示详细程度	政务网、质监网
		旅游投诉的处理效果	政务网、质监网
	投诉数量	投诉比例	第三方

四、成果体系

（一）课题主报告

主报告1：全国游客满意度调查报告（季度及全年）。

主报告2：城市游客满意度调查报告（季度及全年）。

（二）课题专题报告

专题一：现场问卷调查报告。

专题二：网络评论调查报告。

专题三：抱怨投诉调查报告。

（三）旅游内参

全国游客满意度调查报告（季度）。一般是在下季度第一个月的5日发布。

（四）网站专题报告

网站专题研究：网站专题报告（季度）。

（五）媒体新闻通稿

季度调研成果的媒体新闻通告，用于对外宣传和发布。

五、质量监控

（一）调查数据质量监控

为了进行有效调研控制，课题组制定《调研质量控制流程和监督控制方案》，对北京、上海、广州、重庆、天津等样本城市的现场调查进行随机跟访。

（二）数据质量控制

采用 SPSS 软件对调研获得的基础数据进行信度和效度等分析，并通过软件的模型检验以控制。

（三）研究质量控制

通过工作流程和标准化工作方式进行控制。课题组针对各个环节的工作制定了相应的工作办法:《全国游客满意度调查项目技术方案》、《全国游客满意度指数的构建与测算办法》、《全国游客满意度市场调研抽样及质控办法》和《全国满意度调查跟访工作方案》。

（作者：唐晓云　李仲广　马仪亮　阎霞）

主要成果

第一部分　2012—2014 年各季度全国游客满意度调查报告

[1]《把散客服务体系完善作为 2012 年旅游服务品质提升的工作主题——2012 年第一季度全国游客满意度调查报告》。

[2]《广大游客的核心诉求应得到及时响应——2012 年第二季度全国游客满意度调查报告》。

[3]《更加重视并务实推进旅游公共服务水平——2012 年第三季度全国游客满意度调查报告》。

[4]《政府的每一份努力，游客都能感受得到——2012 年全国游客满意度调查报告》。

[5]《旅程中看不见中国的美丽——2013 年第一季度全国游客满意度调查报告》。

[6]《游客需要更多触手可及的温暖——2013 年第二季度全国游客满意度调查报告》。

[7]《必须打赢旅行社行业监管的攻坚战——2013 年第三季度全国游客满意度调查报告》。

[8]《老百姓的旅游梦：看得见美丽，享受得起品质——2013 年第四季度及全年全国游客满意度调查报告》。

[9]《景观之上是生活——2014 年第一季度全国游客满意度调查报告》。

[10]《可以预期的异地生活——2014 年第二季度全国游客满意度调查报告》。

[11]《国内旅游市场秩序治理初见成效——2014 年第三季度全国游客满意度调查报告》。

[12]《以更大的政治勇气和专业智慧推进旅游环境的总体提升——2014 年第四季度暨全年全国游客满意度调查报告》。

■ 第二部分　专题演讲

[1]《游客的诉求，政府的责任——在 2014 中国城市旅游发展战略研讨会上的主旨演讲》，2014 年 1 月。

[2]《万丈红尘最温暖——在浙江省 2013 年 1 季度游客满意度发布会上的演讲》，2013 年 4 月。

[3]《当代旅游发展理论的科学内涵与人文精神——在俄罗斯圣彼得堡国立财经大学的学术演讲》，2013 年 11 月。

[4]《阿根廷：中国游客的感知与企业家的机会——在 2013 阿根廷旅游与酒店投资论坛上的主题发言》，2013 年 11 月。

[5]《老百姓的旅游梦想与中国政府的不懈努力——在第七届世界旅游组织趋势与展望国际论坛上的主题演讲》，2013 年 10 月。

[6]《国民旅游休闲与景区发展的乌镇样本——在 2013 乌镇论坛上的主题演讲》，2013 年 10 月。

[7]《年轻人正在改变旅游的世界——在中国旅游与酒店品牌论坛上的主旨演讲》，2013 年 5 月。

[8]《这颗星球并不孤独——在〈中国出境旅游发展年度报告（2013）〉发布会的主题演讲》，2013 年 4 月。

[9]《近处有风景——在无锡市旅游发展座谈会的专题发言》，2013 年 4 月。

[10]《展望 2020 年的美丽中国与旅游梦想——在 2013 年中国酒店投资峰会上的主题演讲》，2013 年 4 月。

[11]《好山、好水、好生活——在太湖（吴中）休闲旅游高峰论坛上的主旨演

讲》，2013 年 3 月。

[12]《好的城市要经得起游客的寻常打量——在温州世界旅游城市建设座谈会上的主题发言》，2013 年 2 月。

[13]《西出阳关有故人——在 2012 携程最佳旅游目的地高峰论坛上的主题演讲》，2013 年 1 月。

[14]《相互包容、彼此宽容与理性从容——在 2013 中国城市旅游研讨会上的主题演讲》，2013 年 1 月。

[15]《发展城市旅游需要培育宽容、共享、现代的公共空间——在汕头市旅游座谈会上的主题发言》，2013 年 1 月。

[16]《苏式生活：现代化进程中的都市守望与空间共享——关于"打造苏式旅游，提升服务品质"的专题演讲》，2012 年 10 月。

[17]《可以触摸的生活、可以共享的文明——在 2012 世界旅游城市市长论坛上的主题演讲》，2012 年 10 月。

[18]《旅游目的地：走在差异与相似之间——在南开大学第二届旅游国际学术研讨会上的演讲》，2012 年 6 月。

[19]《寻常生活客常来——在昆明市旅游调研座谈会上的发言》，2012 年 6 月。

[20]《把提升游客满意度作为转变工作方式的重要抓手——在江苏省城市旅游品质提升研讨会上的谈话》，2012 年 6 月。

[21]《依托百姓生活，面向大众游客——在旅游演出与国际服务贸易研讨会上的主题演讲》，2012 年 5 月。

[22]《百姓生活寻常心——在 2012 旅游营销与品牌研讨会上的演讲》，2012 年 4 月。

[23]《更加重视中国出境游客的满意评价与产业诉求——在〈中国出境旅游发展年度报告（2012）〉成果发布会上的主题演讲》，2012 年 4 月。

[24]《民众之间的自由往来是旅游合作，也是国家对话的战略基础——在 2012 中俄旅游论坛上的主题演讲》，2012 年 3 月。

[25]《好客山东：主人的款待与客人的感知——在山东省 2012 年全省旅游工作会议上的讲话》，2012 年 2 月。

[26]《城市游客满意度提升需要政府主导，更需要社会参与——在郑州市 2011 年游客满意度发布会上的主题发言》，2012 年 2 月。

[27]《以国家战略为导向，坚持人本理念和平民视角，稳步提升大众旅游时代的城市形象——在全国游客满意度提升战略研讨会上的主旨演讲》，2012 年 1 月。

[28]《为了民众的旅游住宿需求而创新——在如家十周年庆典上的演讲》，2011 年 11 月。

[29]《民众的日常生活是最好的旅游宣传——在 2011 海峡旅游营销与品牌合作推广交流研讨会上的主题演讲》，2011 年 9 月。

[30]《让千千万万游客满意是城市旅游发展的题中之义——在延安市游客满意度提升工作座谈会上的讲话》，2011 年 8 月。

[31]《诗意的想象还是现实的同行——在第二届民族旅游论坛上的演讲》，2011 年 7 月。

[32]《让人民群众更加满意是国民旅游的战略宗旨——在 2010 年度全国游客满意度新闻发布会上的主题演讲》，2011 年 7 月。

[33]《旅游产业发展的国家战略与当代学人的历史使命——在澳大利亚国际旅游学术研讨会上的主题演讲》，2011 年 6 月。

[34]《国民旅游、国家战略与饭店产业的中国时代——在第六届三次中国旅游饭店业协会理事会议暨服务品质提升研讨会上的主题演讲》，2011 年 5 月。

[35]《把握当代旅行需求，构建现代商业模式——在携程旅游集团精益管理学术研讨会的主题发言》，2011 年 4 月。

[36]《走亲戚一般地常来常往——在〈中国出境旅游发展年度报告 2011〉发布会上的主题演讲》，2011 年 4 月。

2014 年全国游客满意度调查报告

2014 年全国游客满意度指数为 74.10，处于"一般满意"[①]水平。调查显示，在全国贯彻实施《旅游法》和开展旅游市场秩序专项整治的背景下，当前团队游客对旅行社、景区、质监等旅游服务满意度达到历史最高值，处于"满意"水平。同时，游客对目的地空气质量、公共服务、商业接待体系和主客文明等旅游环境的抱怨仍然没有得到明显好转。在国民旅游权利日渐彰显、目的地环境更加开放的大众旅游发展新阶段，各级政府特别是旅游行政主管部门应以"人民群众满意就是最大的政治"为导向，勇于担当，用专业智慧推进旅游环境的总体提升。

■ 一、2014 年全国游客满意度总体情况

2014 年全国游客满意度指数为 74.10，处于"一般满意"水平，与 2013 年水平相同但指数下降 0.78，第 1 至第 4 季度的指数分别为 72.62、72.84、74.52、76.39，各季度呈现持续回升趋势。

从三大市场看，2014 年国内、入境和出境游客满意度分别为 73.94、73.97 和 77.15，各季度国内和入境游客满意度呈持续回升趋势，出境游客满意度呈持续下降趋势。

2014 年，依法兴旅和依法治旅取得重要进展，全国人大启动《旅游法》执法

[①] 满意度等级划分标准为：90 以上为"非常满意"，85～90 为"比较满意"，80～85 为"满意"，75～80 为"基本满意"，70～75 为"一般满意"，65～70 为"及格"，65 以下为"不满意"。

检查工作，同时经过完善旅游监管和治理市场秩序，团队游客对旅行社、景区和质监等旅游服务满意度指数创历史最高值75.28，达到我国《质量发展纲要（2011—2020）》提出2015年生活性服务业顾客满意度指数达到75以上的发展目标，旅行社服务和景点的满意度指数分别达到78.52和77.17。

附表4　2013—2014年团队游客对旅游服务的满意度指数

时间	总体	交通	餐饮	住宿	购物	娱乐	景点	旅行社	公共服务	价格
2013年第1季度	73.32	72.09	69.86	73.03	74.43	73.26	72.96	72.97	73.16	70.32
2013年第2季度	74.43	69.65	70.64	67.72	71.12	72.09	73.88	68.57	73.38	71.01
2013年第3季度	72.76	71.78	74.49	70.78	69.80	70.01	71.52	75.22	69.66	71.45
2013年第4季度	71.44	69.80	68.69	70.14	66.29	66.44	70.99	73.62	67.62	72.06
2014年第1季度	72.12	67.86	68.51	66.14	65.82	69.05	72.49	67.99	67.45	70.93
2014年第2季度	72.70	70.11	71.27	68.98	69.56	71.04	73.70	70.21	69.19	70.03
2014年第3季度	76.27	72.17	72.42	71.51	70.70	73.67	76.01	76.29	72.38	72.75
2014年第4季度	80.06	75.69	76.20	75.75	74.91	76.66	78.58	78.56	76.51	72.08

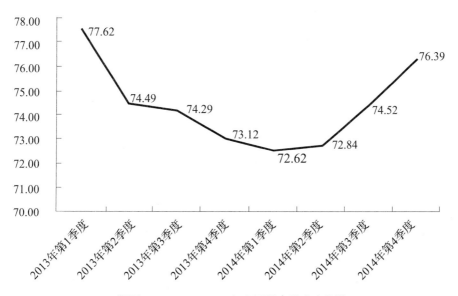

附图2　2013—2014年全国游客满意度指数

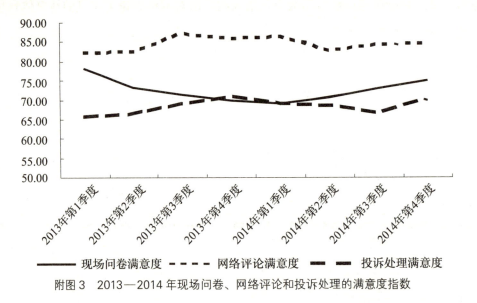

附图3　2013—2014年现场问卷、网络评论和投诉处理的满意度指数

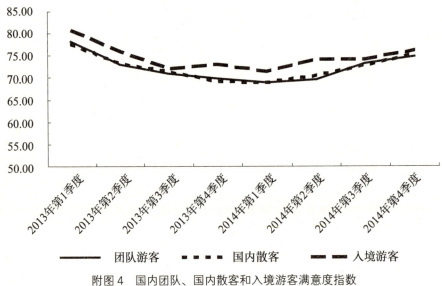

附图4　国内团队、国内散客和入境游客满意度指数

2014年全国游客满意度主要有如下特点：

（一）游客对目的地总体环境更加敏感

从各季度的调查结果看，游客对样本城市的发展情况、城市建设、城市管理、公共服务等总体环境的关注和评论趋多，显示其对目的地总体环境更加敏感。例如2014年"目的地整体发展质量"指标体系的影响系数达到1.36，比2013增加

0.27，是各指标体系中影响系数变化最大的。游客网络评论关注目的地总体环境的内容比例也由 2013 年的 0.1% 上升到 2014 年的 0.2%，达到 1.95 万条，景区等传统旅游资源已经不是影响目的地游客满意度的首要或主要因素。2014 年，全国大范围持续雾霾天气对入境游客满意度产生直接影响。调查结果显示，入境游客对空气质量的敏感程度远远大于国内游客，雾霾天气甚至被国际媒体列入全球旅游

附表 5　2014 年第 1 至第 4 季度样本城市主要指标满意度

指标	Q1	Q2	Q3	Q4	指标	Q1	Q2	Q3	Q4
知名度	7.63	7.73	7.96	7.9	市民形象和行为	7.45	7.26	7.61	7.56
银行刷卡便利性	7.74	7.53	7.88	7.79	文化氛围	7.51	7.35	7.59	7.55
开放度	7.51	7.56	7.77	7.74	机场	7.58	7.37	7.57	7.55
城市公交	7.45	7.45	7.74	7.69	无障碍设施	7.32	7.23	7.56	7.52
现代化程度	7.53	7.48	7.73	7.7	互联网覆盖	7.5	7.3	7.56	7.5
园林绿化	7.42	7.47	7.73	7.66	卫生设施	7.45	7.27	7.54	7.5
美丽程度	7.54	7.48	7.68	7.63	城市规划	7.45	7.3	7.53	7.5
应急救援系统	7.41	7.33	7.68	7.65	安全感	7.48	7.33	7.53	7.47
步行道和自行车道	7.5	7.39	7.67	7.63	民俗特色	7.43	7.19	7.52	7.49
市容市貌	7.46	7.4	7.66	7.6	空气质量	6.98	7.2	7.51	7.42
信息化程度	7.54	7.42	7.65	7.61	出租车	7.49	7.25	7.5	7.43
自然生态	7.4	7.34	7.65	7.6	便利感	7.37	7.24	7.48	7.43
供电	7.61	7.27	7.64	7.59	手机信号覆盖	7.47	7.29	7.48	7.43
自驾车	7.51	7.32	7.64	7.59	供水和水质	7.39	7.08	7.45	7.41
火车站	7.54	7.4	7.64	7.6	施工管理	7.4	7.1	7.42	7.36
交通标识	7.46	7.44	7.64	7.57	农业现代化	7.28	7.09	7.35	7.29
旧城和历史建筑保护	7.43	7.37	7.62	7.57	工业旅游	7.35	6.6	6.79	6.81
长途客运	7.48	7.35	7.62	7.57					

警告。此外，包括恐怖袭击、航班失联、文明行为、居民友好程度等旅游环境因素都严重制约了全年的游客满意度提高和旅游发展质量。这些变化表明，随着旅游成为人们常态化的生活消费选项和游客常态化地进入到目的地居民的休闲与生活空间，旅游逐渐演化为短期异地的一种生活方式。既然是生活方式，那么游客

就不但要对吃住行游购娱等传统旅游要素和目的地公共服务进行评价，而且对目的地的旅游环境更加敏感。

（二）构成旅游服务范畴的市场主体和商业要素更加多元

随着游客以散客、自助的形式进入到旅游目的地，特别是"80后"、"90后"年轻人广泛参与到旅游活动中来，再加上智慧旅游的兴起和市场主体的创业创新实践，为游客提供服务的商业要素就已不再局限于传统的旅游企业，越来越多的服务于本地居民的商业主体开始把游客纳入自己的业务范畴。我们看到围绕游客特别是散客服务的产业形态不断涌现，产业链条和产业生态圈不断完善，譬如经济型酒店、胶囊旅馆、度假公寓、房车营地等住宿业态，成都宽窄巷子、北京南锣鼓巷、上海新天地等旅游街区，打车软件、地图导航、旅行翻译、异地租车等旅途服务，旅游产业的边界变得越来越模糊。2014年，无论是国际机构对我国的游客满意度评价，还是我国开展的游客满意度评价，均显示商业接待体系的完善越来越成为影响游客体验的关键因素，大众创业、万众创新正成为旅游发展的新动力。正因如此，我们看到善于发挥市场机制作用和培育企业主体的城市满意度水平较高且较稳定，例如无锡、烟台、杭州、宁波等。

（三）广义政府在培育和优化旅游环境中的责任主体作用更加明显

2014年，西宁在市委、市政府的直接领导下，通过综合整治和分工考核等手段，使游客满意度排名上升至第42位，较2013年上升15位，居西部城市前列。成都、黄山、郑州、延安等城市探索了游客满意度提升的政府治理模式，有效推动其游客满意度持续稳步提升。本年度浙江省、江苏省按季度在媒体公开发布当地游客满意度调查结果，创新成果利用形式，有力促进了当地城市满意度提升。调查结果表明，凡是那些党委政府高度重视、旅游行政主管部门牵头推动、各部门协同配合和社会广泛参与的城市，均形成合力成功提升了游客满意度，反之，那些没有政府全面介入的城市，旅游行政主管部门则始终无法摆脱"干不了、跑不掉"以及游客满意度徘徊不前的尴尬境地。

■ 二、2014 年全国游客满意度存在的主要问题

（一）面对散客的新诉求回应不足，特别是面向散客的公共服务尚未健全

2014 年旅游公共服务的满意度指数为 72.56，略低于 2013 年的 72.61。尽管第 4 季度散客满意度指数达到 75.23 的"基本满意"水平而且超过团队游客满意度，但是 2014 年散客对旅游公共服务的满意度指数为 69.96，仅处于"及格"水平，低于 2012、2013 年的 71.15、71.47。网络评论指标中涵盖目的地公共服务和商业服务的旅游行业管理满意度指数仅为 50.14，这说明制约游客满意和旅游发展质量的已不仅仅是吃住行游购娱等传统旅游要素，公共服务以及安全救援、行政与司法救济在目的地旅游服务中的地位更加凸显。从年度情况来看，旅游厕所、突发事件预案、应急救援体系、无障碍设施、供水供电、出租车、网络覆盖等城市基础性公共服务成为影响满意度提升的主要短板，包括安全环境、健康卫生等在内的公共服务水平相对滞后则直接影响了我国的旅游国际竞争力和国际形象。

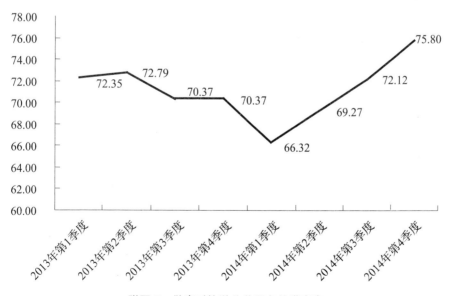

附图 5 散客对旅游公共服务的满意度

（二）目的地市场主体发育不足，商业服务体系不完善

尽管传统的旅游产业要素得到了提升，但是游客特别是散客评价的是目的地总体环境，因此，城市交通、购物等要素的问题更加凸显。2014年游客对交通、购物等的满意度分别为71.36、70.32，分别低于2013年的71.58、70.44。城市交通方面，有网友评论"北海最坑爹的还是的士，都不打表，完全乱收费！"同时，非法一日游、黑车、黑导等老问题仍然突出，新兴旅游业态也出现了问题，无证经营、零负团费、质价不符等旅游服务质量问题向出入境市场和网络服务转移。2014年入境游客对我国城市商业服务体系的满意度指数为74.89，处于"一般满意"水平。符合国际标准的酒店客房数量不足、旅游景区ATM机较少、引进的大型国际汽车租赁公司过少等商业供给体系不足成为影响国际游客体验的重要因素。

（三）居民友好度和文明旅游成为游客关注的新热点

2014年，游客评论关于目的地居民友好态度的满意度指数有所下降，各季度分别为95.39、97.40、95.85和91.35。文明旅游问题则进一步加剧了旅游活动中的"主客"、"客客"矛盾，例如内地赴香港游客满意度指数持续下降，各季度分别为83.14、80.55、78.77和77.58。从游客对景区的意见看，也主要集中在游客文明行为、景区容量管理等方面。2014年第4季度的亚航折返事件更加凸显出文明旅游问题，而且这一事件经游客和媒体曝光后引起了社会的广泛关注和讨论，文明旅游成为影响游客满意的重要因素，这就意味着游客不但是旅游发展的评价主体而且也正在成为文明旅游的监督主体和自律主体。

■ 三、工作建议

（一）切实以"人民群众满意就是最大的政治"为导向，勇于承担，敢于作为

旅游行政主管部门要时刻清楚背后是四十亿人次的游客，为了千千万万人民群众的旅游权利和千千万万游客的更加满意，就是最大的政治，也是旅游行政主管部

门存在和行政作为的合法性之所在。旅游行政主管部门应积极倾听游客呼声，及时回应游客期待，明确更多国民参与和更高品质分享的量化指标，发挥旅游在"五位一体"发展战略体系中的更大作用，在处理各种保护普通游客旅游权利和提高普通游客福祉的复杂问题时敢于亮剑，敢于作为。

（二）完善第三方评价，形成对地方政府的舆论压力，创新行政工作抓手

针对传统的旅游监管手段与更加多元的商业要素和市场主体之间的矛盾，建立起以第三方评价为主要工作抓手的宏观和微观监管体系，更加充分地发动和依靠广大游客进行社会监督，尽快适应旅游发展的新常态。采取通报、公示、媒体曝光、约谈、稽查和处罚等监管手段保护国民旅游的权利，把游客满意度调查样本城市增加至 100 个。新常态下应以更加专业的智慧而非传统的资质、牌照、官方标准、顶层设计、"旅游法庭"、"旅游警察"等来进行监管，让市场机制在旅游资源配置中发挥决定性的作用。

（三）指导地方政府做好旅游环境的总体提升工作

目的地旅游总体环境的提升既需要政府调动全社会力量，把游客满意度提升的综合性转化为全民共识，也需要政府旅游主管部门创造性地统筹各方面的力量为旅游营造好的发展环境。把游客满意度调查和提升工作纳入省市旅游主管领导培训班课程，编写出一套培训材料。总结一批有效提升城市游客满意度的地方经验，在典型城市组织召开全国游客满意度提升或旅游市场秩序综合治理工作现场会。指导地方政府将游客满意度的调查指标分解到各个政府组成部门，纳入工作考核指标体系。

附表 6　2014 年第 4 季度和全年城市游客满意度得分和排名

城市	2014 年全年指数	与去年比	2014 年全年排名	2014 年第 4 季度指数	与上季度比	2014 年第 4 季度排名	城市	2014 年全年指数	与去年比	2014 年全年排名	2014 年第 4 季度指数	与上季度比	2014 年第 4 季度排名
无锡	78.62	↑	1	80.64	↑	1	九江	73.18	↑	31	77.29	↑	20
杭州	78.34	↑	2	80.38	↑	3	天津	73.14	↑	32	74.41	↑	49
青岛	78.13	↑	3	80.50	↓	2	温州	73.13	↑	33	76.18	↑	33
成都	77.92	↓	4	79.32	↑	6	张家界	72.95	↑	34	74.78	↑	46
宁波	77.80	↓	5	78.25	↓	9	遵义	72.89	↑	35	75.27	↑	43

续表

城市	2014年全年指数	与去年比	2014年全年排名	2014年第4季度指数	与上季度比	2014年第4季度排名	城市	2014年全年指数	与去年比	2014年全年排名	2014年第4季度指数	与上季度比	2014年第4季度排名
苏州	77.68	↓	6	77.59	↓	14	贵阳	72.80	↑	36	76.25	↑	32
黄山	77.44	↓	7	78.39	↓	8	延安	72.78	↑	37	77.56	↑	15
重庆	77.23	↑	8	79.98	↑	4	福州	72.49	↑	38	75.53	↑	40
厦门	77.14	↑	9	77.45	↑	17	沈阳	72.43	↑	39	75.73	↓	37
珠海	76.80	↑	10	78.57	↑	7	赣州	72.28	↑	40	77.99	↑	11
上海	76.48	↑	11	76.35	↓	30	承德	72.25	↑	41	76.76	↑	28
南京	76.12	↑	12	74.97	↓	44	西宁	72.14	↑	42	74.70	↓	47
北京	75.97	↑	13	79.45	↑	5	长春	71.98	↑	43	77.19	↑	24
烟台	75.77	↑	14	77.52	↑	16	海口	71.80	↑	44	74.51	↑	48
桂林	75.57	↓	15	77.24	↑	22	秦皇岛	71.80	↑	45	77.28	↑	21
郑州	75.25	↑	16	76.99	↑	25	三亚	71.75	↑	46	77.33	↑	19
大连	75.22	↑	17	78.10	↑	10	北海	71.39	↑	47	73.72	↑	54
昆明	75.06	↑	18	75.69	↓	39	湘潭	71.21	↑	48	76.00	↑	35
洛阳	75.04	↑	19	76.98	↑	26	延边	70.85	↑	49	74.29	↑	50
哈尔滨	74.84	↑	20	77.43	↑	18	汕头	70.79	↑	50	74.02	↑	51
长沙	74.63	↑	21	76.63	↓	29	合肥	70.74	↑	51	75.39	↑	42
南宁	74.50	↑	22	74.91	↓	45	丽江	70.48	↓	52	71.96	↑	58
太原	74.43	↑	23	77.67	↑	12	石家庄	70.36	↑	53	75.95	↑	36
济南	74.42	↑	24	76.92	↑	27	南昌	70.27	↑	54	73.87	↑	53
大同	74.36	↑	25	72.60	↓	57	吉林	70.26	↑	55	73.99	↑	52
武汉	74.29	↑	26	75.72	↑	38	呼和浩特	70.02	↓	56	76.06	↑	34
深圳	74.17	↑	27	76.31	↑	31	乌鲁木齐	69.59	↑	57	75.43	↑	41
广安	74.12	↑	28	77.65	↑	13	拉萨	69.02	↑	58	73.32	↑	56
西安	74.08	↑	29	77.21	↑	23	银川	67.58	↑	59	71.56	↑	59
广州	73.57	↑	30	73.65	↓	55	兰州	65.98	↑	60	70.03	↑	60

（主要作者：戴斌　李仲广　肖建勇　何琼峰）

2014 年中国公民出国旅游满意度调查报告

2014 年中国公民出国旅游满意度指数为 77.15，处于"基本满意"水平，低于 2013 年的水平（79.17）。全年出国游客满意度的下降主要在于游客对目的地综合服务质量感知下降，尤其是对投诉处理的满意程度不高。调查主要结果如下：

一、2014 年中国公民出国旅游满意度总体情况

2014 年，中国出国游客总体上"基本满意"。中国出国游客满意度指数各季度都持续稳定在 75 以上的"基本满意"水平，无论是游客在现场的访谈还是游客在网络上的评论都能够达到 75 以上的水平。

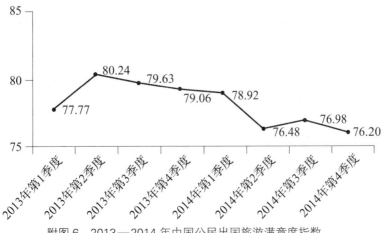

附图 6　2013—2014 年中国公民出国旅游满意度指数

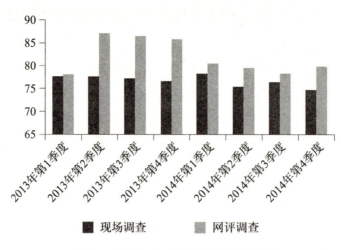

■ 现场调查　　　■ 网评调查

附图 7　现场问卷、网络评论满意度指数

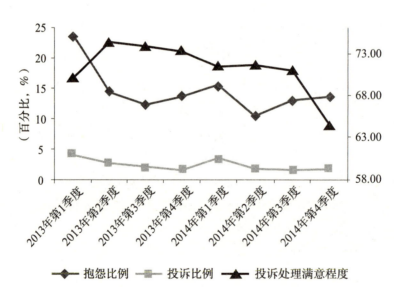

━◆━ 抱怨比例　　━■━ 投诉比例　　━▲━ 投诉处理满意程度

附图 8　中国公民出国旅游抱怨、投诉比例和投诉处理满意度指数

然而，2014 年第 1 至第 4 季度中国公民出国旅游满意度指数呈有所下降趋势，分别为 78.92、76.48、76.98 和 76.20。从满意度指数构成看，游客的现场满意度指数为 76.29，游客的评论满意度指数为 79.58。

全年有抱怨和投诉情绪的游客比例有所下降，分别仅为 13.19%、2.20%。游客对投诉处理的平均满意度指数与去年相比有较大幅度下降，仅有 69.61。主要反映在第 4 季度的投诉处理满意度指数有大幅下降，仅为 64.42。

二、2014年中国公民出国旅游满意度影响因素

综合来看，中国游客对国外目的地的综合指标感受良好。2014年我国公民对国外目的地的形象、城市建设、城市管理、公共服务、旅游行业服务的满意度指数分别为81.33、80.42、79.37、79.97、79.48，处于"满意"水平。

从趋势看，2014年我国游客对国外目的地形象、服务水平、服务质量的期望趋于平稳，但目的地国家的形象、城市建设、城市管理、公共服务、行业服务等方面以及国外目的地的总体旅游服务质量、满意程度略有下降。全年游客对目的地国家城市管理评价的下降幅度最大。

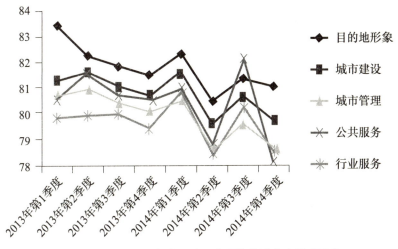

附图9　2013—2014年中国公民出国旅游满意度影响因素

从群体看，主要体现在自主、自助、自游的这一部分青年群体游客评价有所下降。从游客综合反映的情况来看，游客最为期待的还是中文服务、安全感等方面的大幅改善和旅游投诉满意度的有效提升，包括中文旅游指南、酒店中餐厅、中文电视节目、中文网站、中文客房等服务和中国银联、支付宝设施都是游客需求频率比较高的。

三、目的地国家满意度情况

2014年24个样本国家中有17个达到75以上的"基本满意"水平，样本国家游客

满意度从高到低依次是：新西兰80.55、新加坡80.24、美国80.11、加拿大79.99、澳大利亚79.53、意大利79.31、英国79.16、法国78.72、日本78.54、西班牙78.22、泰国78.21、韩国77.77、德国77.46、马来西亚76.68、印度尼西亚76.18、俄罗斯75.44、菲律宾75.25、南非74.84、阿根廷74.75、柬埔寨74.64、巴西74.38、印度72.88、越南72.71、蒙古72.25。

2014年仅有美国、泰国的游客满意度指数与去年持平，其余24个境外目的地国家的游客满意度指数得分都有较大幅度下降，其中，阿根廷、南非、巴西、德国、法国、西班牙的指数下降幅度较大。新西兰、新加坡、加拿大、澳大利亚等国家的游客满意度指数排名稳定在前列。

附表7　2014年第4季度和全年出境游客满意度得分和排名

目的地	2014年全年指数	与去年比	2014年全年排名	2014年第4季度指数	与上季度比	2014年第4季度排名	目的地	2014年全年指数	与去年比	2014年全年排名	2014年第4季度指数	与上季度比	2014年第4季度排名
新西兰	80.55	↑	1	79.58	↑	3	德国	77.46	↓	13	76.34	↓	14
新加坡	80.24	↓	2	79.78	↓	1	马来西亚	76.68	↓	14	76.98	↑	11
美国	80.11	↑	3	77.92	↑	7	印度尼西亚	76.18	↓	15	77.34	↑	8
加拿大	79.99	↑	4	79.63	↑	2	俄罗斯	75.44	↓	16	74.56	↑	18
澳大利亚	79.53	↓	5	78.72	↑	4	菲律宾	75.25	↓	17	74.78	↑	17
意大利	79.31	↑	6	78.59	↓	6	南非	74.84	↓	18	73.29	↓	22
英国	79.16	↓	7	78.63	↓	5	阿根廷	74.75	↓	19	74.91	↑	16
法国	78.72	↓	8	76.92	↓	13	柬埔寨	74.64	↓	20	73.36	↓	21
日本	78.54	↓	9	77.10	↓	10	巴西	74.38	↓	21	74.27	↑	19
西班牙	78.22	↓	10	77.18	↑	9	印度	72.88	N	22	71.00	↓	23
泰国	78.21	↓	11	75.43	↓	15	越南	72.71	↓	23	73.73	↓	20
韩国	77.77	↓	12	76.95	↓	12	蒙古	72.25	N	24	69.87	↓	24

从24个被调查的国外目的地国家来看，2013—2014年平均而言，第一方阵包括处于80以上"满意水平"的加拿大、新西兰、新加坡、法国、英国、澳大利亚，新加坡在整个调研监测时间都是有稳步提升的，最近连续两个季度都是稳居在前三名，英国、法国也都采取了持续改善游客体验的政策，包括英国上门签证服务、取消团体游客过境签证等政策，以及法国缩短签证时间、增加景区警力保护等政策和旅游业界增加中国特色餐饮服务等举措。

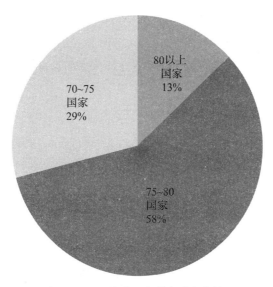

附图 10　目的地国家游客满意度情况

第二方阵包括处于75～80的"基本满意水平"的美国、西班牙、意大利、日本、德国、韩国、泰国、阿根廷、南非、马来西亚、俄罗斯、菲律宾、巴西、印尼、柬埔寨，今年以来赴意大利的中国游客满意度也有大幅提升，这与意大利政府和中国旅游研究院共同推进"欢迎中国"发布会有一定关系，中国研究院开展的"欢迎中国"项目是"为中国游客定制"的服务标准体系，目的是与国外目的地的住宿、餐饮、购物、交通、主题公园等商家通力合作，帮助国外商家满足中国游客的核心诉求，意大利罗马机场、意大利新旅客运输公司等单位还获得了"欢迎中国"的认证证书。

仅有3个国家处于75以下的第三方阵，包括越南、印度、蒙古。从游客的具体评论可以发现，反映比较突出的问题包括中文服务、中文标志、安全感和特色文化方面，例如去蒙古完全感受不到它的特色文化氛围，很多西化的文字完全代替了它原有的一些传统的马头文。

总体看来，24个样本国家的游客满意度得分和排名都是比较稳定的，这也与各个国家的综合国力密切相关，我们将游客满意度指数和人均GDP这两个指标进行综合分析，发现，人均GDP处于2万美元水平的这些国家，其游客满意度指数数值得分平均都处于78以上的水平，包括加拿大、新西兰、新加坡、法国、英国、澳大利亚、美国、西班牙、意大利、日本、德国、韩国，人均GDP较低国家的游客满意度指数水平也不高，包括阿根廷、南非、马来西亚、俄罗斯、菲律宾、巴西、印尼、

柬埔寨、越南、印度、蒙古，此外，还有一个表现非常特殊的国家，泰国尽管人均GDP 水平不高，但其游客满意度指数排名一直相对靠前，表明中国游客对泰国的旅游服务体验满意程度远远超过了其国家综合基础设施的评价。

四、期望和建议

（一）国外旅游投诉处理的满意度有待提高

2014 年在网络上的负面评价有明显增加，全年中国出国游客对投诉处理的平均满意度指数与去年相比有较大幅度下降，仅有 69.61，赴越南、马来西亚、阿根廷等国家的中国游客对旅游投诉处理的满意度最低，泰国、韩国等热点旅游国家的投诉处理满意度也不高。

（二）为中国游客定制的旅行服务令人期待

从游客综合反映的情况来看，游客最为期待的还是中文服务、安全感等方面的大幅改善和旅游投诉满意度的有效提升，包括中文旅游指南、酒店中餐厅、中文电视节目、中文网站、中文客房等服务和中国银联、支付宝设施都是游客需求频率比较高的。2014 年以来赴意大利的中国游客满意度也有大幅提升，这与意大利政府和中国旅游研究院共同推进为中国游客定制的"欢迎中国"服务标准体系有一定关系。

（三）保障安全和品质，为游客提供放心满意的旅游体验环境

政府和业界应以互利互惠为原则，简化签证手续、缩短签证时间、减少签证费用，给予出国游客更多的便捷，在语言和消费习惯等方面更加充分地为游客着想，在旅游标准、从业资格互认、安全预警机制和突发事件处置等方面建立起更加紧密的常态化合作机制。

（作者：何琼峰　李仲广）